Luigi Seccia
Paolo Farina

Il cuore misericordioso del Padre

Luigi Seccia
Paolo Farina

Il cuore misericordioso del Padre

Un'interpretazione in chiave antropologica di LC 15,11-32

Edizioni Sant'Antonio

Imprint
Any brand names and product names mentioned in this book are subject to trademark, brand or patent protection and are trademarks or registered trademarks of their respective holders. The use of brand names, product names, common names, trade names, product descriptions etc. even without a particular marking in this work is in no way to be construed to mean that such names may be regarded as unrestricted in respect of trademark and brand protection legislation and could thus be used by anyone.

Cover image: www.ingimage.com

Publisher:
Edizioni Accademiche Italiane
is a trademark of
International Book Market Service Ltd., member of OmniScriptum Publishing Group
17 Meldrum Street, Beau Bassin 71504, Mauritius

Printed at: see last page
ISBN: 978-613-8-39315-3

Alla mia
famiglia.

INTRODUZIONE

Nel presente lavoro, intendo trattare l'uomo nello smarrimento, nella caduta, nell'oscurità della propria esistenza e nel suo ritorno alla retta via, alla luce, alla Vita, grazie al cuore del Padre sempre pronto ad accogliere, donare e perdonare tutte le mancanze, le offese, i danni recati al Padre, al prossimo e a noi stessi.

Non di solo pane vive l'uomo, ma anche di contatto, parole e relazione. Non soltanto di cose, ma di ogni palpito d'amore che gli scaldi il cuore. L'uomo non è solo materia, è anche spirito, realtà che trascende il visibile e il quantificabile. È mistero di infinito e limite, combinazione di grandezza e miseria, vita nella carne e al tempo stesso nella fede che intuisce, incontro dopo incontro, che il suo pieno compimento è farsi dono per gli altri. All'uomo soltanto è dato di decidere quale direzione prendere ogni giorno di fronte a un bivio inesorabile: la scorciatoia del vivere per se stesso o la salita del farsi dono.

La prima ha per destinazione la chiusura, l'egoismo e la tristezza; la seconda conduce alla libertà, all'amore e alla gioia. Solo chi è disposto a impegnarsi nel difficile apprendistato dell'alterità, che rivela all'uomo la verità di sé, sa impiegare gesti e parole per costruire legami profondi che motivino il proprio orizzonte di senso. Abbracciare la propria storia e quella degli altri è esperienza di umanizzazione, che moltiplica la passione per la vita. Invece, disconnettersi dalla relazione con l'altro o costruirla su terreni fragili è cammino opposto, è decostruzione dell'umano. In termini religiosi è peccato, cioè deformazione di quella bellezza e di quella bontà che sono costitutive dell'uomo. È quello che sperimentano, in modi diversi, i due fratelli della parabola del Padre misericordioso, nel Vangelo di Luca, che farà da filigrana alla presente ricerca.

Nel primo capitolo di questo lavoro descriveremo il nucleo familiare della parabola del Padre misericordioso. Nella famosa parabola del padre pieno d'amore e dei due figli ribelli, raccontata dall'evangelista Luca, Gesù, rispondendo ai farisei e agli scribi invidiosi del suo atteggiamento benevolo e accogliente verso i peccatori, ci presenta la fatica dell'uomo nell'istaurare relazioni autentiche, fondate sul principio della gratuità, piuttosto che sulla logica dello scambio. Il figlio minore pretende la dovuta eredità dal padre; il maggiore reclama il riconoscimento e la ricompensa per i meriti accumulati verso il padre; il padre invece non reclama nulla, non accusa i figli per la loro immaturità, ma dona, gratuitamente, senza attendere nessun contraccambio e senza fare alcuna rivendicazione. Attraverso la messa fuoco di queste dinamiche relazionali, Luca ci presenta il microcosmo del cuore umano, spesso pigro dinanzi al dono e all'amore, recalcitrante nel tessere relazioni autentiche e libere.

Nel secondo capitolo presenteremo la paternità di Dio e il suo cuore: appassionato, fedele, custode della libertà dell'uomo, sempre pronto ad accogliere, perdonare, restaurare la bellezza originaria del cuore umano, capace di richiamare l'uomo al bene. Ovunque Dio visiti una sua creatura e venga liberamente accolto, può accadere il miracolo del ritorno, dell'abbraccio paterno di Dio, anche nell'inconsapevolezza di chi lo riceve. Dio si fa presente a coloro che accolgono il dono del suo abbraccio e vi si abbandonano,vivendo nel nascosto mistero del loro cuore l'afflato della sua misericordia e lasciandosi abitare totalmente da Lui.

Nel terzo capitolo percorreremo l'unica via tra il peccato e la riconciliazione, il rifiuto e la grazia, l'oscurità e la luce che sfocia nell'economia del dono e del perdono.

La realtà della vita umana porterebbe a concludere che oggi non c'è più posto per il dono, ma solo per lo scambio utilitaristico. Addirittura potremmo dire che il dono è visto come uno strumento che, dietro una simulata gratuità e disinteresse, cela sempre la legge del tornaconto. Dei rischi e delle possibili perversioni nella visione umana del dono, noi siamo avvertiti. Il dono può essere rifiutato con atteggiamenti di violenza o nell'indifferenza distratta. Il dono può essere ricevuto senza destare gratitudine. Il dono può essere sperperato: donare, infatti, è azione che richiede l'assunzione di un rischio. Donare significa per definizione consegnare un bene nella mani di un altro senza ricevere in cambio alcunché. Bastano queste poche parole per distinguere il donare dal dare: nel dare c'è la vendita, lo scambio, il prestito; nel donare c'è un soggetto, il donatore, che nella libertà, senza costrizione, e per generosità, per amore, fa un dono all'altro indipendentemente dalla risposta che ne riceverà. La logica del dono esclude totalmente l'ipotesi dello scambio, ma s'informa al principio dell'offerta unilaterale e gratuita.

Nel paragrafo finale del terzo capitolo, a mero titolo narrativo, si è voluto raccontare l'esperienza della riconciliazione dei cosiddetti "figlioli prodighi", che ora sarebbero ancora smarriti senza l'ospitalità della C.A.S.A. "Don Tonino Bello" di Calendano, nei pressi di Ruvo di Puglia. Sono i racconti delle esperienze di misericordia, vissute dagli uomini, che testimoniano, più di ogni ragionevole argomentazione,come il dono della parola si possa trasformare in dono di vita.

Questo dono estremo è possibile laddove un uomo o una donna trovino le vere ragioni per cui valga la pena dare, spendere, dedicare tutta una vita all'altro. La tentazione umana più subdola sta nel dare cose estranee da sé, piuttosto che se stessi: siamo nella logica del sacrificio pagano di offerta a Dio. È quanto mai significativo come nel Cristianesimo il solo sacrificio possibile sia quello di se stessi, del proprio corpo, della propria vita in favore degli altri. I bisogni umani sono tanti e le situazioni di sofferenza, fatica e dolore sono infinite, ma il bisogno dei bisogni è l'amore che colma la solitudine di chi soffre, a cui si faccia dono della presenza paterna, anche senza una parola, semplicemente con la prossimità del volto e di uno sguardo. A volte nell'esperienza del dono mancano le parole; stare vicini e farsi prossimi al bisognoso, dando il proprio tempo, che inesorabilmente passa, è indubbiamente il dono più grande che l'uomo possa fare.

Non c'è vera gioia senza gli altri com'è vero che non c'è speranza se non sperando insieme. Ma la speranza è frutto del donare, della condivisione, della solidarietà.

Ogni vita umana è stata istituita nel debito dell'amore, per il quale ogni uomo è chiamato alla responsabilità di amare coloro che incontriamo, i quali hanno il diritto di essere destinatari dell'amore in virtù della prossimità che si è creata.

I CAPITOLO

UNA STRANA FAMIGLIA

I.1IL FIGLIO E FRATELLO MINORE:LA VIA VERSO IL MONDO

La parabola del padre misericordioso, dicono gli esegeti, è il «vangelo del Vangelo». Intendono così affermare che anche se per caso scomparisse il Vangelo e ci restasse solo questo racconto, capiremmo il mistero di Dio. Nella parabola si ripete la parola "padre" per dodici volte; il protagonista è chiamato "padre" da tutti i servi e dal figlio perduto. Solo il figlio maggiore non lo chiama mai "padre", anzi lo richiama a disconoscere paternità verso il figlio peccatore. Questa parabola non è stata raccontata, come in genere pensiamo, per convertire i peccatori, ma per convertirci dal nostro umano senso di giustizia che ci allontana da Dio[1].

Ma analizziamo il testo in modo dettagliato.

> «Un uomo aveva due figli»[2].

Questi due figli rappresentano l'umanità, non intesa però come la somma degli uomini, ma come ciò che è proprio di ogni essere umano. Questi due

---

1Cfr. FAUSTI S., *Lo stile di Gesù. Lectio sul vangelo di Luca*, Editrice Àncora, Milano 2014,102.
2Lc 15,1. Tutte le citazioni bibliche saranno riprese da *La Bibbia di Gerusalemme*, Centro Editoriale Dehoniano, Bologna 2009.

fratelli sono come due facce della stessa medaglia: nel minore vediamo ancora noi stessi quando viviamo le nostre trasgressioni, nel maggiore vediamo noi, quelle poche volte che facciamo ciò che è giusto, o perlomeno riteniamo di averlo fatto,motivo che ci porta ad ergerci immediatamente giudici verso i peccatori [3].

Tuttavia, solamente quando si ha la volontà di esplorare in profondità ciò che significa andarsene da casa, si può pervenire a una vera comprensione del ritorno. Il giovane ragazzo della parabola parte, separandosi definitivamente non solo dai luoghi ma dalla figura paterna. O meglio, il suo viaggio avrà due destinazioni: la prima, lontano dal padre per andare incontro al suo destino; la seconda, verso il padre per ritrovare i mezzi per restare in vita [4]. Difatti leggiamo:

> «Il più giovane dei due disse al padre: "Padre, dammi la parte di patrimonio che mi spetta". Ed egli divise tra loro le sue sostanze. Pochi giorni dopo, il figlio più giovane, raccolte tutte le sue cose, partì per un paese lontano e là sperperò il suo patrimonio vivendo in modo dissoluto»[5].

3Cfr. FAUSTI S., *Lo stile di Gesù.* o. c., 104-105.
4Cfr. MANES R., *Il ritorno. La sfida della riconciliazione nella parabola del figlio prodigo*, Edizioni San Paolo, Cinisello Balsamo (MI) 2013, 40.
5Lc 15,12-13.

Il primo elemento che emerge è la passività del padre, umanamente inverosimile, in quanto è quantomeno che un padre non metta in guardia un figlio che decide di allontanarsi. La parabola intriga e ci induce a pensare come Gesù stia raccontando di un'altra paternità; quella di Dio. È dio Padre l'attore di questa parabola! Ma immediatamente viene da chiedersi: non sono io questo figlio? Quando si è tentati dal male non si accetta Dio come limite, il legame con Lui diventa una prigione, ascoltarlo diventa esperienza oppressiva. In effetti, il peccato si rivela come bisogno di allontanarsi da Dio[6]. Non a caso, il cammino di conversione comporta e inizia con un ritorno:

> «É la storia del travaglio interiore di un uomo alla ricerca di una libertà che non si conquista a poco prezzo, ma costa pazienza, attesa, fiducia nell'altro, investimento di sé, un igiene speciale dei sentimenti, l'esercizio della memoria e il coraggio di sapere tornare sui propri passi, o più semplicemente, l'umiltà di cambiare»[7].

Quando Luca scrive:"partì per un paese lontano", vuol dire assai più di un desiderio di conoscere il mondo. Parla di un drastico taglio rispetto al modo di vivere, pensare e agire che egli è stato trasmesso, come un sacro retaggio. Più che una mancanza di rispetto, si tratta di un tradimento di valori gelosamente

6Cfr. AMAPANI A., *Un uomo aveva due figli. Riconoscersi figli per diventare padri*, Edizioni San Paolo, Cinisello Balsamo (MI) 2014, 35.
7MANES R., *Il ritorno*. o. c., 40.

custoditi della famiglia e della comunità. Il paese lontano è il mondo in cui non viene tenuto in nessun conto tutto quello che a casa è considerato sacro[8].

Il giovane parte, ma la direzione è taciuta. Si dice solo che va in una regione lontana; l'espressione ci riporta al libro di Giona, dove, il profeta, di fronte alla parola del Signore che invia a Ninive, decide di andare "lontano dalla presenza del Signore"[9]. La regione è lontana poiché il figlio va lontano dal padre e dai suoi. Il narratore non ci riferisce in che modo poi si sia verificata la dispersione del denaro e, quindi, il prosciugamento dell'eredità; ma l'ipotesi di azioni immorali è molto probabile[10].

L'esodo del giovane, evento che, potenzialmente, avrebbe potuto rappresentare un'autentica occasione di crescita e maturazione, si trasforma in smarrimento, e, la libertà conquistata si muta in libertinaggio[11]. I due simboli fondamentali della relazione paterna, la casa e l'eredità, assumono così, nell'immaginario di questo personaggio, un significato profondamente diverso e alterato rispetto al loro valore obbiettivo. L'eredità, in senso lato la vita stessa, è qualcosa che il figlio presume di possedere in se stesso, come proprietà personale, indipendente e separata dalla relazione con il padre. Non

---

8Cfr. NOUWEN H., *L'abbraccio benedicente. Meditazione sul ritorno del Figlio prodigo*, Editrice Queriniana, Brescia 1994, 52.

9GIO 1,3.10.

10Cfr. MANES R., *Il ritorno*. o. c., 44.

11Cfr. IBIDEM, 45.

è un bene che ha origine nel dono gratuito del padre, ma nella presunta autosufficienza di figlio; anzi, egli pensa di poter realizzarsi solo a condizione di emanciparsi dalla figura del padre. Ne consegue che anche la casa, come simbolo della relazione paterna, assume per questo figlio dei contorni troppo stretti e diviene un limite della libertà, un luogo di dipendenza da un padre-padrone che impedisce la piena realizzazione personale[12].

L'allontanamento dalla casa, lungi dall'essere un luogo fisico e materiale dove riporre le mie cose, diventa allontanamento dalla casa del Padre. Commenta Nouwen:

> «Più di ogni altra storia del Vangelo la parabola del figlio prodigo esprime l'immensità dell'amore del figlio di Dio. E quando mi inserisco in questa storia alla luce di quell'amore divino, diventa dolorosamente chiaro che andar via di casa è molto più vicino alla mia esperienza spirituale di quanto potessi pensare»[13].

Andarsene da casa è, dunque, molto più di un evento storico legato al tempo e al luogo. È la negazione della realtà spirituale che appartengo a Dio in ogni parte del mio essere, che Dio mi tiene al sicuro in un abbraccio eterno, che sono veramente scolpito nelle palme delle mani di Dio e nascosto alla loro ombra. Andarsene da casa significa ignorare la verità che Dio mi ha formato

12Cfr. AMAPANI A., *Un uomo aveva due figli.* o. c., 58-59.
13NOUWEN H.,*L'abbraccio benedicente.* o. c., 53.

nel segreto, intessuto nelle profondità della terra e tessuto nel seno di mia madre[14].Ancora Nouwen:

> «Andarsene da casa è partire come se ancora non avessi una casa e dovessi cercare in lungo e in largo per trovarne una. La casa è il centro del mio essere dove posso udire la voce che dice: "Tu sei il figlio mio prediletto, in te mi sono compiaciuto"; la stessa voce che ha dato vita al primo Adamo e ha parlato a Gesù, il secondo Adamo; la stessa voce che parla a tutti i figli di Dio e li rende liberi di vivere in un mondo tenebroso rimanendo nella luce»[15].

L'amore del mondo è e sarà sempre soggetto a condizioni. Finché si continua a cercare il proprio vero "io" nel mondo dell'amore condizionato, si rimane irretiti dal mondo, provando, fallendo e provando di nuovo, ma senza via d'uscita. È un mondo che favorisce la dipendenza perché ciò che offre non può soddisfare il desiderio più profondo del cuore. "Dipendenza": può essere questa la parola più adatta per spiegare lo smarrimento che permea così a fondo la società contemporanea. Le nostre dipendenze ci fanno abbarbicare a ciò che il mondo erige a strumenti per il proprio appagamento: accumulazione di ricchezza e potere; consumo eccessivo di cibi e bevande, piacere sessuale senza distinguere tra lussuria e amore. Il vizio esplode quando si lascia che la sensibilità prevarichi sulla ragione, impedendone la sua funzione di guida e

---

14Cfr. SAL 139, 13-15.
15NOUWEN H., *L'abbraccio benedicente.* o. c., 54-55.

di primato. Se questa prevalenza diventa sistematica, si crea nella persona un habitus, una tendenza costante, quasi una seconda natura che elide le virtù e genera l'abitudine perversa del vizio. Osserva Ravasi:

> «Come il fondamento dell'errore consiste nelle false misure di probabilità, il fondamento del vizio consiste nelle false misure del bene. Ogni vizio è un difetto ma non tutti i difetti sono vizi. Esso lascia come un'ulcera nella carne e un rimorso nell'anima che sempre crea prurito e sanguina»[16].

Queste dipendenze creano aspettative destinate immancabilmente al fallimento quando intendono soddisfare i nostri bisogni più profondi. Finché viviamo nelle illusioni del mondo, le nostre dipendenze ci condannano a ricerche futili nel "paese lontano", esponendoci a una serie infinita di delusioni che ci lasciano inappagati. In questi tempi di crescenti dipendenze, è alto il rischio di vagare lontano dalla casa del Padre. La vita " dipendente" può essere giustamente definita come una vita vissuta in "un paese lontano". Già otto secoli prima di Cristo il profeta Isaia si sdegnava gridando:

> «Guai a coloro che chiamano bene il male e il male bene, che mutano la tenebra in luce e la luce in tenebra, che confondono l'amaro con il dolce e il dolce con l'amaro»[17].

16RAVASI G., *Le porte del peccato. I sette vizi capitali*, Arnoldo Mondadori Editore, Milano 2007, 32.
17Is 5,20.

È da lì che si leva il grido verso la liberazione. Si è il figlio prodigo ogni volta che si cerca l'amore incondizionato dove non può essere trovato. Perché si continua a ignorare il luogo del vero amore e si persiste nel cercarlo altrove? Perché si continua ad andare via dalla casa in cui si è chiamati figli di Dio, prediletti del Padre? Si rimane sempre stupiti di come si continui a prendere i doni che Dio dà, la salute, l'intelletto e le emozioni, usandoli per "fare colpo" sulla gente, ricevere approvazioni ed elogi e competere per dei premi, invece di svilupparli per la gloria di Dio. Sì, spesso si portano tali doni via, in un "paese lontano" e si mettono a servizio di un mondo privo di scrupoli che non ne conosce il vero valore. È quasi come se si volesse dimostrare a sé stessi e al mondo che non si ha bisogno dell'amore del Padre, che si può costruire una vita tutta nostra, che si vuole essere del tutto indipendenti[18]. Gli uomini allontanandosi dalla vera luce, dalla vera casa ripercorrono strade di morte e si riscoprono nella medesima condizione del figlio prodigo:

> «Quando ebbe speso tutto, sopraggiunse in quel paese una grande carestia ed egli cominciò a trovarsi nel bisogno. Allora andò a mettersi a servizio di uno degli abitanti di quella regione, che lo mandò nei suoi campi a pascolare i porci.

18Cfr. NOUWEN H., *L'abbraccio benedicente.* o. c., 61-62.

Avrebbe voluto saziarsi con le carrube di cui si nutrivano i porci; ma nessuno gli dava nulla»[19].

La povertà in cui versa il giovane si inasprisce a causa di una grande carestia. Luca ci riferisce anche il suo grado di intensità: egli ricorre all'iperbole come l'autore del libro di Giona dove tutto è grande: la città(Gio1,2), la tempesta (Gio1,4), il pesce (Gio3,3), a mostrare che l'effetto della paura e dello smarrimento è proprio la percezione di non essere all'altezza della situazione. L'enfasi nel libro di Giona sottolinea la codardia e la paura del profeta davanti alla chiamata impegnativa che Dio gli ha rivolto; l'enfasi nella nostra parabola rafforza la percezione dello smarrimento in cui versa il giovane.

La grande carestia è il colpo di grazia alla situazione di indigenza in cui il giovane è venuto a trovarsi. La situazione dell'ambiente circostante è proporzionata allo smarrimento interiore del giovane. La desertificazione dell'ambiente esterno è una conseguenza del peccato che è desertificazione dell'anima.

È tipico della Bibbia, infatti,mostrare la consonanza tra quanto accade all'animo umano e quanto accade in natura. La natura sembra vivere di riflesso tutto ciò che vive l'uomo. Se l'uomo è in pace essa fiorisce, come

19Lc 15,14-16.

accade per l'irrompere della primavera che fa eco all'estasi dell'amore nel Cantico dei Cantici; se invece l'uomo è in ribellione, anche la natura si scatena come accade per la tempesta in mare a seguito della disobbedienza del profeta nel libro di Giona.

Il giovane, da strenuo sostenitore della sua libertà, si ritrova nella condizione opposta: costretto ad una situazione di sudditanza. L'indigenza lo spinge allora ad architettare un'altra soluzione: mettersi alle dipendenze di qualcuno; qualcuno che possa assicurargli almeno la sopravvivenza fisica. L'uomo a cui si "attacca" non nutre per lui alcuna forma di affetto. Lo manda infatti a fare il guardiano di porci; animale impuro nelle Sacre Scritture[20].

Sembrerebbe che il figlio minore abbia esaurito le sue risorse come persona, ma un altro elemento va aggiunto al quadro. Alla miseria morale e materiale si aggiunge quella relazionale. Quest'uomo è peccatore, è povero e, cosa ancor più drammatica, è solo[21].Non sa più cosa voglia dire condividere i pasti con un suo pari. Il momento del pasto da festa si è trasformato in inferno. Caduto in disgrazia, non ha più nessun amico. È tipico infatti dell'uomo defilarsi nel momento in cui nessuno ha nulla da offrirgli in cambio. Come dice il libro del Siracide:

20Cfr. MANES R., *Il ritorno*. o. c., 45-46.
21Cfr. IBIDEM, 46-47.

«C'è chi è amico quando gli conviene, ma non resiste nel giorno della tua disgrazia [...] c'è l'amico compagno dei banchetti che si dilegua nel giorno della tua disgrazia»[22].

La vera solitudine arriva quando non si riesce più a sentire delle cose in comune. Quando nessuno vuole dargli il cibo che lui stesso distribuiva ai maiali, il figlio più giovane si accorge di non ricevere più la considerazione di un essere umano.

La sua esperienza vale per insegnamento per quanti si sentono chiamati a essere e vivere da figli. Solo in parte ci si rende conto di quantosi faccia assegnamento su un qualche grado di accettazione. Ambiente, storia, concezione della vita, religione ed educazione in comune; relazioni, stili di vita e abitudine in comune; età e professione in comune: tutto ciò che può fornire le basi per sentirsi accettati. Ogni volta che si incontra una persona nuova, in lei si cerca sempre qualcosa che si possa avere in comune. Quale che sia la relazione, c'è sempre la mutua ricerca di un legame comune. Meno si ha in comune, più difficile è stare insieme e più ci si sente alienati. Quando si ignora la lingua o le usanze degli altri, quando non si capisce il loro stile di vita o la loro religione, i loro riti o la loro arte, quando non si conosce il loro

22Sir 6,8.10.

cibo e il loro modo di mangiare, allora ci si sente ancora più stranieri e perduti.

Quando il figlio più giovane non viene più considerato un essere umano dalle persone che gli stanno intorno, sente tutto il vuoto del suo isolamento, la solitudine più profonda di cui l'uomo possa fare esperienza. È davvero perduto, ma è questa sensazione di perdizione a farlo rientrare in se stesso. Fortemente scosso dalla consapevolezza della sua totale alienazione, capisce immediatamente di essersi imbarcato in una avventura di morte. Si è talmente sradicato da ciò che dà vita: famiglia, amici, comunità, conoscenti e persino vitto che si rende conto che la morte sarebbe stata il fatale prossimo passo[23].

Il giovane può vivere solo con i maiali che vivono sfamandosi, ma non c'è nessuno che faccia attenzione a lui, a partire dal bene primario di cui tutti hanno bisogno, il cibo. Nella mente di Gesù dare da mangiare è uno dei gesti più umani e più belli che un uomo e una donna possano fare. Dare da mangiare è dire: voglio che tu viva bene![24]

Il figlio minore ha esaurito le sue risorse, ma anche la sua autostima e la sua dignità. È a un passo dalla disperazione e non vede altro all'orizzonte che la

---

23Cfr. NOUWEN H., *L'abbraccio benedicente.* o. c., 69-70.
24Cfr. AMAPANI A., *Un uomo aveva due figli.* o. c., 37.

morte. Quali fossero i sogni e le attese che avevano mosso il suo desiderio di lasciare il tetto paterno restano sconosciuti. È certo che il progetto di farsi un nome o di realizzarsi è completamente fallito. Dalla constatazione del degrado a cui è giunto, matura però un cambiamento. Avverte la necessità di raccogliersi rientrando in sé:

> «Allora ritorno in sé e disse: "Quanti salariati di mio padre hanno pane in abbondanza e io qui muoio di fame! Mi alzerò, andrò da mio padre e gli dirò: padre ho peccato verso il cielo e davanti a te; non sono più degno di essere chiamato tuo figlio. Trattami come uno dei tuoi salariati". Si alzo e torno da suo padre»[25].

Rientrare in se stesso è ammettere la propria colpa, diviene atto di umanizzazione che produce consapevolezza di sé e verità. Con questa constatazione, da cui scaturisce al tempo stesso la decisione di tornare a vivere dignitosamente, c'è anche l'intuizione di una nuova relazione con il padre. Non è solo la fame a mettere in pericolo la vita del giovane, ma anche la solitudine. L'assenza di rapporti gli fa tornare alla mente la relazione con il padre, connotata dai legami di sangue e, in un certo qual modo, primaria. Pur avendo perso i diritti di figlio portando via con sé la parte che gli spettava, resta il fatto che esiste un padre e che questi è suo padre. Quindi non è tutto

---

25Lc15,17-20.

perduto. Forse c'è ancora speranza. Non è solo la fame a mettere in pericolo la vita del giovane ma anche la solitudine.

"Rientrò in sé stesso": non si deve caricare quest'espressione di un eccessivo valore morale; questo non è tanto l'inizio di un pentimento, di una conversione; più semplicemente è il tornare in sé di chi è in grado di confrontare l'attuale situazione di miseria con una situazione precedente di abbondanza: è il tornare in sé di chi, in una situazione di estrema abiezione, recupera quella lucidità necessaria che gli consente di trovare una soluzione possibile per la sua vita.

La parabola del figlio prodigo ci mostra il tempo del pentimento come il ritorno dell'uomo dall'esilio. Il figlio prodigo, ci viene detto,"partì per un paese lontano" e là dissipò quanto possedeva. Un paese lontano! Questa è l'unica definizione della nostra condizione umana che si deve assumere e fare nostra, quando si comincia a incamminarsi verso Dio. Un uomo che non ha mai fatto questa esperienza, fosse pure per un tempo molto breve, che non ha mai sentito di essere esiliato, lontano da Dio e dalla vera vita, non comprenderà mai cosa sia il cristianesimo. E colui che si sente perfettamente "a casa sua" in questo mondo nella vita di questo mondo, che non è mai stato ferito dal desiderio nostalgico di un'altra realtà, non comprenderà che cos'è il pentimento[26]. Il sentimento di alienazione da Dio, dalla gioia della comunione con lui, dalla vera vita che è creata e donata a lui, è la radice di ogni movimento di conversione:

> «È facile, in effetti, confessare che non ho digiunato nei giorni prescritti, che ho dimenticato le mie preghiere e che mi sono arrabbiato. Tutt'altra cosa, invece, il rendermi improvvisamente conto che ho deturpato e perduto la mia bellezza spirituale, che sono ben lontano dalla mia dimora, dalla mia vera vita, e che qualcosa di prezioso, di puro e di bello è stato irrimediabilmente rotto nella trama stessa della mia esistenza»[27].

Eppure questo e solo questo è il pentimento, e perciò esso è anche un desiderio profondo di ritornare, di operare un'inversione di marcia, di ritrovare la casa perduta. Tuttavia non si deve pensare che il Padre voglia il pentimento dei figli perché ne ha bisogno, come se fosse una riparazione alle offese a lui arrecate:

> «Il peccato non è un lusso di cui ci priviamo per far piacere a Dio, ma è un veleno che porta alla morte quelli che lo bevono»[28].

26Cfr. AMAPANI A., *Un uomo aveva due figli.* o. c., 38.
27IBIDEM, 39.
28FANZAGA L., *Il coraggio del perdono*. Edizioni Sugarco, Milano 2014, 24.

Dio esige il pentimento per il nostro bene, perché non abbiamo più a percorrere la via della rovina. La rinuncia al male è, poi, la premessa perché si possa ricevere l'amore di Dio, che colma il cuore di pace e di gioia.

Continuiamo a ricevere da Dio ricchezze meravigliose: innanzitutto la vita e la possibilità di goderne, di darle un senso, di riempirla di amore e di conoscenza; poi, nel battesimo, la vita nuova di Cristo stesso, il dono dello Spirito Santo, la pace e la gloria del regno eterno. Riceviamo la conoscenza di Dio e, in Lui, la conoscenza di ogni altra cosa e il potere di essere figli di Dio. E tutto questo, noi uomini, siamo capaci di perdere continuamente, non solo nei peccati e nelle trasgressioni particolari, ma nel peccato di tutti i peccati: sviare il nostro amore da Dio e preferire il "paese lontano"[29].

Nella liturgia della chiesa d'Oriente, nel mattutino della domenica del figlio prodigo si canta il salmo triste e nostalgico, il salmo dell'esilio. Gli ebrei lo cantavano durante la loro prigionia a Babilonia, pensando a Gerusalemme, la loro città santa:

> «Come cantare i canti del signore in terra straniera? Se mi dimentico di te, Gerusalemme, si dimentichi di me la mia destra; mi si attacchi la lingua al palato

29Cfr. AMAPANI A., *Un uomo aveva due figli.* o. c., 39.

se lascio cadere il tuo ricordo, se non innalzo Gerusalemme al di sopra di ogni mia gioia»[30].

Il Salmo 137 è diventato per sempre il canto dell'uomo che si rende conto del suo esilio lontano da Dio e che, rendendosene conto, ridiventa uomo: un essere che non può sentirsi pienamente appagato da nessuna cosa in questo mondo decaduto, perché è, per natura e vocazione, un pellegrino dell'Assoluto[31].

Il giovane spera in cuor suo che, pur non potendo ripristinare la status di figlio, potrà almeno proporsi in qualità di bracciante e così guadagnarsi il pane. Aspira ancora al denaro. Ha fatto un primo passo verso la casa, ma non è ancora guarito[32].

In fondo, è la storia dell'umanità che allontanandosi da Dio e avendo bisogno di vita, la cerca dove può, nei suoi idoli; ognuno di noi ha i suoi. E il figlio non torna a casa dal padre perché è pentito, o ha rimorsi, ma ha solo i morsi della fame. Non è che al figlio interessi l'amore del padre, anzi non lo vuole,

30SAL 137, 4-6.
31Cfr. AMAPANI A., *Un uomo aveva due figli.* o. c., 38-40.
32Cfr. MANES R., *Il ritorno.* o. c., 51.

non sa neanche che ci sia, vuole solo mangiare, è disposto a fare il salariato. A ogni buon conto questo figlio torna dal padre[33].

Come possiamo vedere, il pentimento del giovane non è mosso da motivazioni nobili: inizia proprio quando si vede sprofondato nella miseria e nella povertà, alle quali la sua vita disordinata lo ha condotto. Poco a poco, però, va superando questa visione egoistica ed interessata, riconoscendo che il suo atteggiamento ha costituito un'offesa a Dio ed al suo padre terreno[34]. Qualunque cosa abbia perduto, il denaro, gli amici, la reputazione, il rispetto di sé, la gioia e la pace interiore, rimane sempre il figlio del proprio padre.

Scegliere la nostra condizione di figli non è comunque facile. Le voci oscure del mondo cercano di persuaderci che non siamo buoni e che possiamo diventare se ci conquistiamo la bontà, arrampicandoci sulle scale del successo. Queste voci ci conducono ben presto a dimenticare la voce che ci chiama "figlio mio prediletto", e che ci ricorda che siamo amati indipendentemente da qualsiasi applauso o risultato[35]. Si possono chiedere precetti, regole, ma come capire quanto e come amare Dio?

33Cfr. FAUSTI S., *Lo stile di Gesù*. o. c.,106.
34Cfr. ESTÉVEZ M. J., *Pentimento. Porta della misericordia*, Libreria Editrice Vaticana, Città del Vaticano 2014, 23.
35Cfr. NOUWEN H., *L'abbraccio benedicente*. o. c., 75.

Forse, un aiuto potrebbe derivarci dal vedere nel paradigma del figlio prodigo un'analogia col mistero stesso di Gesù Cristo, fattosi "figlio prodigo" per amor nostro. Anche il Verbo ha lasciato la casa del Padre celeste, è venuto in un paese straniero, ha dato via tutto quello che aveva ed è tornato, attraverso la croce, alla casa di suo Padre. Tutto questo lo ha fatto non come figlio ribelle, ma come figlio obbediente, inviato sulla terra per riportare a casa tutti i figli perduti di Dio[36]. Vedere Gesù stesso come il figlio prodigo significa andare molto al di là della interpretazione classica della parabola. Nondimeno, scrive Nouwen:

> «Questo modo di considerare la parabola possiede un grande segreto. Sto scoprendo gradualmente cosa significhi dire che la mia condizione di figlio e la condizione di figlio da parte di Gesù sono la stessa cosa, che il mio ritorno e il ritorno di Gesù sono la stessa cosa, che la mia casa e la casa di Gesù sono la stessa cosa. Non esiste alcun viaggio verso Dio all'infuori del viaggio che Gesù stesso ha fatto»[37].

Se si guarda la storia del figlio prodigo con gli occhi della fede, il "ritorno" del prodigo diventa il ritorno del Figlio di Dio che ha attirato a sé tutti gli uomini e li porta a casa del Padre suo celeste.

36Cfr. IBIDEM, 82.
37IBIDEM, 83.

I.2 IL PADRE E IL FIGLIO MINORE

Il figlio si mette in cammino e torna da suo padre. Letteralmente "si alza" è il verbo impiegato per indicare la partenza, ma anche per dire che la vita è ritornata in lui. Si alza come i discepoli di Emmaus quando riconoscono il Signore e ritornano subito a Gerusalemme[38]. Luca usa il verbo alzarsi per parlare della resurrezione di Gesù[39].

Ma il figlio è sorpreso da un colpo di scena:

> «Si alzò e tornò da suo padre. Quando era ancora lontano, suo padre lo vide, ebbe compassione, gli corse incontro, gli si gettò al collo e lo baciò. Il figlio gli disse: "Padre ho peccato verso il cielo e davanti a te; non sono più degno di essere chiamato tuo figlio»[40].

Il padre non porta rancore a suo figlio. Lo attende. L'amore che ha per suo figlio lo spinge ad attendere incessantemente il suo ritorno. Il suo amore lo spinge a non violare la decisione del figlio, a rispettare il suo esodo personale. Quell'attendere è un ulteriore dono concesso al figlio. Osserva Manes:

> «Attendere è concedere all'altro lo spazio e il tempo della maturazione, oltre il dolore della prova che può sperimentare durante il suo esodo. Non attenderlo più

38Cfr. MANES R., *Il ritorno*. o. c., 52
39Cfr. IBIDEM.
40Lc 15, 20-21.

significherebbe contribuire a renderlo sterile e privarlo di una nuova occasione per rialzarsi e ripartire. Il padre che attende è come la sentinella che vede per prima i bagliori dell'aurora o le sagome umane stagliarsi all'orizzonte»[41].

La sua attesa del ritorno del figlio deve essere stata tale da tenerlo inchiodato tutto il tempo all'uscio di casa, con la speranza di vederlo comparire all'orizzonte. Basta solo un'ombra o un pezzettino di sagoma e il padre lo riconosce. E sappiamo che si riconosce solo chi si ama! Il vedere del padre non è legato solo all'organo della vista; si tratta di un vedere interiore. La vista interiore è la capacità dell'uomo di attendere gli eventi, di vegliare. Nel rivedere suo figlio, il padre prova il sentimento che più si addice a chi ama: la compassione; "compatire" è verbo che evoca viscere materne, difatti la compassione è propria di chi ama e sa immedesimarsi nella condizione dell'altro[42].

Proprio come un genitore, Dio ha i suoi figli sempre dinnanzi agli occhi; non li abbandona mai, nemmeno dopo la ribellione, a motivo dell'amore viscerale che nutre verso ogni sua creatura.

«Le Tende di Dio si possono rialzare tutte, sempre, in qualunque condizione si trovino e qualunque sia stata la loro storia. Cristo ha fatto questo: col suo sguardo

41Cfr. MANES R., *Il ritorno*. o. c., 52.
42IBIDEM, 54.

vergine, ha risuscitato Zaccheo, Levi, la Maddalena, l'adultera, Pietro e Paolo, e continua a farlo, attraverso i suoi discepoli, lungo tutto il cammino della Chiesa. Siamo chiamati, perciò, a guardare il mondo con lo sguardo vergine di Cristo. Questo sguardo infatti è in grado di vedere, guarire, risuscitare le Tende di Dio sparse nel mondo. È il servizio più grande che possiamo rendere al Signore Gesù e agli uomini»[43].

Il padre vede il figlio quando è ancora lontano; contro ogni regola prende lui l'iniziativa, non esige un periodo di espiazione e di prova per accertarsi della sincerità del pentimento, non lascia neppure finire la confessione del peccato. Tutto ciò è segno dell'attesa di Dio che non perde la fiducia nell'uomo. Sì, nell'uomo, perché il figlio è qui tipo di ogni peccatore, come il padre è qui immagine di Dio. Nessun padre umano è così, Gesù sta parlando di Dio misericordioso e pietoso,lento all'ira e ricco di grazia e di fedeltà[44].

Dunque, il padre che attende, vede venire il figlio, ne ha compassione, gli corre incontro, gli si getta al collo, lo bacia: una serie distinta di versi attraverso cui si tratteggia una sensibilità ricchissima, a voler indicare la

43CASTELLANA F., *Una tenda per Dio. Lasciarsi abitare dal divino*, Paoline Editoriale Libri, Milano 2004, 110.
44Cfr. GALLIZZI M., *Vangelo secondo Luca. Commento esegetico – spirituale*, Editrice Elledici, Torino 1994, 328.

pienezza dell'amore oblativo, il superlativo di un amore che è del tutto e infinitamente gratuito.

L'abbraccio e il bacio non lasciano tempo al figlio di umiliarsi ai piedi del padre. La vestizione con l'abito più bello, i sandali ai piedi, l'anello al dito sono altrettanti modi per dire che il figlio è totalmente riabilitato e che ha riacquistato tutti i suoi diritti, il suo posto in famiglia. Il perdono ha trionfato e nel perdono la comunità, la famiglia di Dio si ricostruisce[45]:

> «Tutto confluisce qui; la storia dell'umanità e la storia di Dio. Tempo ed eternità si intersecano; la morte incombente e la vita eterna si toccano. Peccato e perdono si abbracciano; l'uomo e il divino diventano una cosa sola. Vedo anche un'infinita misericordia, un amore senza riserve, un perdono eterno, realtà divine che emanano da un padre che è il creatore dell'universo. Qui, sia l'umano che il divino, il fragile e il potente, il vecchio e l'eternamente giovane, sono eternamente espressi»[46].

L'autorità del Padre misericordioso risiede solo nell'esercizio della compassione, che permette ai peccati dei figli di ferire il suo cuore. I peccati di lussuria, avidità, rabbia, risentimento, gelosia o vendetta del suo figlio perduto hanno causato una pena immensa al suo cuore. Tanto più profondo è

45Cfr. IBIDEM, 328-329.
46NOUWEN H., *L'abbraccio benedicente.* o. c., 136.

il suo dolore perché purissimo è il suo cuore. Dal profondo luogo interiore dove l'amore abbraccia tutto il dolore umano, il padre raggiunge i suoi figli. Il tocco delle sue mani, diffondendo una luce interiore, cerca solo di guarire. Un Padre che, dall'inizio della creazione, ha steso le sue braccia in una benedizione misericordiosa, non forzando mai nessuno, ma aspettando sempre; non lasciando mai cadere le braccia per la disperazione, ma sperando sempre che i figli tornino per poter dire loro parole d'amore. Il suo unico desiderio è benedire[47].

Il mistero, in verità, è che Dio, nella sua infinita misericordia, ha legato se stesso alla vita dei suoi figli per l'eternità. Ha scelto liberamente di diventare dipendente dalle sue creature, che ha dotato di libertà. Questa scelta gli causa dolore quando se ne partono; questa stessa scelta gli dà felicità quando ritornano. Ma la sua gioia non sarà completa finché tutti coloro che hanno ricevuto da lui la vita non saranno tornati a casa e non si troveranno insieme attorno alla mensa preparata per loro[48]:

> «Il figlio disse al padre: "Padre ho peccato verso il Cielo e davanti a te; non sono più degno di essere chiamato tuo figlio". Ma il padre disse ai servi: "Presto, portate qui il vestito più bello e fateglielo indossare, mettetegli l'anello al dito e i

---

47Cfr. IBIDEM, 140.
48Cfr. IBIDEM, 148.

> sandali ai piedi. Prendete il vitello grasso, ammazzatelo, mangiamo e facciamo festa, perché questo mio figlio era morto ed è tornato in vita, era perduto ed è stato ritrovato". E cominciarono a far festa»[49].

Il progetto del figlio non viene accolto dal padre. Dare il pane al proprio figlio, a condizione di una prestazione lavorativa, non corrisponde allo stile proprio dell'uomo della parabola, perché non si addice alla sua natura di padre. Il padre non lo permette e prende in mano la situazione in modo del tutto sorprendente: questa volta il suo progetto si impone rispetto a quello del figlio. Egli non ci sta a farsi trattare come un datore di lavoro, corrompendo la sua natura di padre. È la prospettiva del perdono e della riconciliazione adavere la meglio. Il ritorno del figlio rappresenta la grande gioia del padre che vede in esso un ritorno alla vita, una sorta di vera e propria resurrezione[50].

Luca mostra, così, che il Dio che soffre a causa del suo immenso amore per i propri figli è lo stesso Dio che è ricco di bontà e misericordia e desidera rivelare ai suoi figli la ricchezza della sua gloria. Al figlio, il padre non lascia nemmeno la possibilità di scusarsi. Previene la sua supplica con un perdono spontaneo e non presta ascolto alle sue argomentazioni perché del tutto irrilevanti alla luce della gioia del suo ritorno. Ma c'è di più. Non solo

---

49Lc 15, 21-24.
50Cfr. MANES R., *Il ritorno*. o. c., 59.

perdona senza fare domande e accoglie gioiosamente il figlio perduto, ma non sa aspettare un attimo per dargli una vita nuova, una vita in abbondanza. Dio è così desideroso di dare la vita al figlio che ritorna, da sembrare quasi impaziente. Niente è abbastanza bello per la gioia ricevuta, deve essergli dato proprio il meglio. Mentre il figlio si era preparato ad essere trattato come un garzone, il padre esige che gli venga dato il vestito riservato agli ospiti di riguardo; e, sebbene il figlio non si senta più degno di essere chiamato tale, il padre gli mette un anello al dito e i calzari ai piedi per onorarlo come suo figlio prediletto e reintegrarlo come suo erede. Il padre veste il figlio con i simboli della libertà, la libertà dei figli di Dio. Non vuole che qualcuno di loro sia garzone o schiavo. Vuole che indossino l'abito d'onore, l'anello dell'eredità e le calzature del prestigio[51]. Ciò che fa per questo figlio, è in realtà pronto a ripetere per ogni figlio, per rivelare che colui che torna è accolto come un figlio; gli restituisce la dignità, ma forse, ancor più, gli conferma che è stato sempre suo figlio, anche se si è allontanato da casa. commenta Amapani:

51Cfr. NOUWEN H., *L'abbraccio benedicente.* o. c., 162-163.

«L'amore del padre e abbondante, disinteressato, gratuito. L'amore non va mai meritato. È questo il cuore della parabola»[52].

Dio si rallegra. Non perché i problemi del mondo siano stati risolti, non perché tutto il dolore e la sofferenza umana siano giunti alla fine, e nemmeno perché migliaia di persone si siano convertite e ora lo stiano lodando per la sua bontà. No, Dio si rallegra perché uno dei suoi figli che era perduto è stato ritrovato. È la stessa gioia a cui ogni figlio è chiamato a partecipare. È la gioia di vedere un figlio che cammina verso casa in mezzo a tutte le distruzioni, le devastazioni e l'angoscia del mondo. Coloro che sono riusciti ad assaporare la luce di Dio non negano le tenebre, ma scelgono di non vivere in esse. Affermano che della luce che splende nell'oscurità ci si può fidare più che dell'oscurità stessa e che pochissima luce può disperdere molta oscurità[53].

Questa parabola non ci chiama in causa solo personalmente, ma anche e soprattutto come membra della Chiesa. Dal momento che siamo peccatori, la Chiesa è la casa dove si accoglie il peccatore, che in quanto tale può essere solo comunità del perdono e della riconciliazione; un perdono sincero, gratuito, preveniente; un perdono che è riabilitazione totale del peccatore pentito in tutte le sue mansioni ecclesiali, senza tenere conto del passato. Solo

---

52AMAPANI A., *Un uomo aveva due figli.* o. c., 49.
53Cfr. NOUWEN H., *L'abbraccio benedicente.* o. c., 168-172.

così la Chiesa può essere segno visibile e senza macchia del realizzarsi del regno di Dio[54].

> «Tale gioia si può scorgere sui volti di tante persone semplici, povere e spesso sofferenti che vivono oggi in mezzo a grandi sconvolgimenti economici e sociali, ma che possono già sentire la musica e le danze della casa del Padre»[55].

1.3 FIGLIO E FRATELLO MAGGIORE: IMMOBILITÀ E ASSENZA DI FEDE

La festa appena iniziata non avviene di certo in sordina, data l'ufficialità che vuole conferirle il suo organizzatore. Essa è accompagnata da musiche e danze. Una festa è sempre esperienza che travalica i confini della casa e chi raggiunge chi "è fuori" . In effetti, mentre tutti in casa sono indaffarati a motivo della festa, il figlio maggiore si trova fuori, "nei campi":

> «Il figlio maggiore si trovava nei campi. Al ritorno, quando fu vicino a casa, udì la musica e le danze; chiamò uno dei servi e gli domandò che cosa fosse tutto questo. Quello gli rispose: "Tuo fratello è qui e tuo padre ha fatto ammazzare il

54Cfr. GALLIZZI M., *Vangelo secondo Luca.* o. c., 329.
55Cfr. NOUWEN H., *L'abbraccio benedicente.* o. c., 172.

vitello grasso, perché lo ha riavuto sano e salvo". Egli si indignò, e non voleva entrare. Suo padre allora uscì a supplicarlo. Ma egli rispose a suo padre: "Ecco, io ti servo da tanti anni e non ho mai disobbedito a un tuo comando, e tu non mi hai mai dato un capretto per far festa con i miei amici. Ma ora che è tornato questo tuo figlio, il quale ha divorato le tue sostanze con le prostitute, per lui hai ammazzato il vitello grasso»[56].

Il simbolo dei campi sta ad indicare il luogo del lavoro, della fatica, del servizio fedele e prolungato attraverso il quale egli pensa di dover meritare, guadagnare l'affetto del padre e il suo dono, il capretto per far festa con i suoi amici; è la logica retributiva che determina la sua relazione con il padre e gli impedisce di entrare nella casa. Non può entrare nella casa, laddove attraverso la festa già iniziata si rivela lo spazio della gratuità. Non può entrare perché ritiene di dover fondare la propria relazione con il padre nei campi, perché presume di dover guadagnare la propria ricompensa con il lavoro fedele. Emerge qui un'altra forma distorta di intendere la relazione con il padre. Dopo la figura fallimentare della libertà come emancipazione dal dono, incarnata, come si è visto, nel figlio minore, ora, attraverso la figura del primogenito, viene proposta la figura di una libertà servile e mercenaria, che

56Lc 15,25-30.

presume di doversi guadagnare il dono del padre con un comportamento irreprensibile, da vantare al momento opportuno[57].

La vita obbediente e ligia al dovere di cui si è orgogliosi o per la quale si viene elogiatisi fa sentire come un peso che grava sulle spalle e continua a opprimere anche quando la si accetta a tal punto da volersene scaricare.

Non si ha nessuna difficoltà a identificarsi con il figlio maggiore che si lamenta. In questo lamento, però, l'obbedienza e il dovere diventano un peso e il servizio è una schiavitù. Questo risentimento interiore rivela lo stesso smarrimento sperimentato dai figlio minore. Si rimane a casa senza mai allontanarsi, ma non si è vissuta una vita libera nella casa del padre. Rabbia e invidia dimostrano la schiavitù. Lo smarrimento del figlio maggiore è molto più difficile da identificare, ma non meno reale.

Dopo tutto, faceva le cose per bene. Era obbediente, ligio al dovere, rispettoso della legge e gran lavoratore. La gente lo rispettava, lo ammirava, lo elogiava e probabilmente lo considerava un figlio modello. In superficie, era irreprensibile. Ma di fronte alla gioia del padre per il ritorno del fratello più giovane, una forza oscura erompe in lui e ribolle in superficie. Improvvisamente emerge una persona risentita, orgogliosa, cattiva ed egoista,

57Cfr. AMAPANI A., *Un uomo aveva due figli.* o. c., 64-65.

una persona rimasta nascosta nel subconscio, anche se si era fatta sempre più forte e operante nel corso degli anni[58].

Il figlio maggiore ha adottato la strategia del dovere, lui sì che sa cos'è la religione, l'impegno, è stato allevato molto bene dal padre! Manca la madre in quella casa, è si nota il risultato di tale assenza: un figlio fugge e l'altro fa da padre a se stesso, sono tutti dei miserandi. Dio invece è madre e ci chiama ad essere come lui.

Il fratello maggiore è nel campo, lavora. Egli è fermo alla rivelazione dell'Antico Testamento e perciò ha ben 613 precetti da osservare. Di questi,365 sono negativi, divieti, e, si osservi, il loro numero corrisponde ai giorni dell'anno, perché il male non è mai da fare, è sempre da evitare, perché ti uccide. Il numero 365 corrisponde nella tradizione rabbinica a quello dei tendini presenti nel corpo umano. I tendini tengono insieme il corpo e, quando si compie il male, è come se si recidesse un tendine, cosi quell'arto non funziona più: il male divide, separa. I precetti positivi sono 248 e tale, ancora secondo la tradizione rabbinica, era il numero delle ossa dell'uomo: il bene è quello che ti tiene in piedi.Il figlio maggiore, dunque, è li a compiere il suo

58Cfr. NOUWEN H., *L'abbraccio benedicente.* o. c., 104.

dovere[59]. Costui perciò, per l'insieme dei precetti che rispetta, sente di non avere più dignità e non vuole essere umiliato interiormente presenziando a quella festa che ai suoi occhi è una farsa. Egli è la perfetta incarnazione di scribi e farisei, che si scandalizzano dell'accoglienza da Gesù riservata a quanti si perdono. Questo figlio è schiavo dei doveri e vive accumulando meriti. È sotto il peso di un fardello che lo fa essere figlio sul piano legale, ma non affettivo. Inoltre è schiavo anche della sua collera, che lo acceca a tal punto da farli deformare la realtà. Chiuso nel suo orgoglio ferito, non gli resta che "ricamare" sul fratello minore per screditarlo e ribellarsi al padre. Il figlio maggiore è, così, il portavoce della pietà farisea e anche di certa pietà cristiana che vede in Gesù un eccesso di apertura e di indulgenza verso i peccatori, un eccessivo ottimismo nella loro "presunta" conversione, una mancanza di rigore e di giustizia. Rappresenta i mormoratori che spiano Gesù e lo accusano di sovvertire il principio retributivo della giustizia divina.

In realtà, è proprio questa falsificazione della giustizia di Dio che Gesù vuole denunciare. Non solo. Egli suggerisce, nella risposta del padre al figlio maggiore, la via di ogni vero ritorno: scoprire che l'amore va oltre i legami di sangue, che è gratuito e che ha bisogno di essere alimentato giorno dopo

59Cfr. FAUSTI S., *Lo stile di Gesù.* o. c.,108.

giorno. Nell'ottica dell'amore, l'altro non può essere ridotto alla semplificazione di una definizione o a una etichetta sociale, religiosa o morale. L'altro va incontrato nella sua unicità e nella profondità della sua presenza, che deve essere ricercata gradualmente e conosciuta in verità[60], laddove questi due figli cercano tutto fuorché l'incontro vero con il padre.:

> «Il padre per loro è un'idea, una legge, una cassa cui attingere, più che una persona. Nelle parole del padreinvece si sente battere il cuore di chi vorrebbe essere conosciuto per quello che è veramente. Viene cosi suggerito ciò che permette l'incontro e l'amore: la condivisione dei doni che deriva dalla comunione dei cuori e che al tempo stesso ha il potere di rinvigorirla»[61].

Il figlio maggiore s'adirò, come Giona che si arrabbia con Dio perché perdona:

> «"Perché so che sei clemente, longanime, di grande amore, ti lasci impietosire». Giona rimprovera Dio di essere Dio e dice che per lui è meglio morire che vivere. Dio gli risponde con una considerazione: "Tu ti dai pena per quella pianta di ricino per cui non hai fatto nessuna fatica e che tu non hai fatto spuntare, che in una notte è cresciuta e in una notte è perita; e io non dovrei aver pietà di Ninive, quella grande città, nella quale sono più di centoventimila persone, che non sanno

---

60Cfr. MANES R., *Il ritorno*. o. c., 70-73.
61IBIDEM,73.

distinguere tra la mano destra e la mano sinistra, e una grande quantità di animali?"»[62].

Il grande rischio di chi rimane prigioniero degli schemi di Giona così come di quelli del figlio maggioreè di restare imbrigliato in una logica servile, è di non accorgersi dell'amore stesso del Padre: essere amato gratuitamente finisce con l'equivalere a non essere amato affatto. "Tutto ciò che è mio è tuo", dice il padre, eppure al figlio maggiore sembra di non avere mai avuto nulla dal padre, perché non ha ricevuto un solo capretto in contraccambio dei suoi servizi. Se non si passa dalla logica retributiva a quella della gratuità, rimarrà sconosciuta la misericordia del Padre e non si conoscerà in pienezza la bellezza del suo volto[63].

Il padre, uscito per pregare il primogenito di partecipare alla festa, malgrado egli si mostri duro e recalcitrante, non demorde. La resistenza del figlio maggiore fa risaltare ancor più ai fini narrativi la gratuità del perdono paterno e la grandezza della dignità filiale. Pur non essendo stato chiamato padre, non ripaga con la stessa moneta e si rivolge al ribelle sprigionando tutto il suo amore e dicendogli:

62Cfr. Gio 4,10-11.
63Cfr. Ibidem, 73.

> «Figlio, tu sei sempre con me e tutto ciò che è mio è tuo; ma bisognava far festa e rallegrarsi, perché questo tuo fratello era morto ed è tornato in vita, era perduto ed è stato ritrovato»[64].

Ciò che deve determinare la figura del figlio è lo spazio della casa, vale a dire lo spazio della comunione, della condivisione, dell'alleanza, della gratuità. Dai campi questo personaggio deve entrare nella casa; dalla logica servile deve passare a quella della gratuità, del perdono, della festa; deve giungere a scoprire che la verità della relazione paterna e fraterna, la verità del proprio essere figlio sta solo in quel "tutto ciò che è mio è tuo", che chiama a radicale conversione la sua immaginazione, secondo la quale, invece, "tutto ciò che è tuo diventa davvero mio se riesco a guadagnarmelo con merito". Il padre esce incontro al figlio non soltanto per esortarlo a cambiare atteggiamento, ma per fargli già percepire la prossimità accogliente della sua relazione paterna che lo invita ad entrare in comunione. Uscendo dalla casa, è come se il padre dilatasse lo spazio della casa perché giunga a includere anche colui che si ostina a rimanere fuori. L'atteggiamento preveniente del padre era già corso incontro all'altro figlio che tornava, quando era ancora lontano. L'amore insieme preveniente ed esigente del padre fonda un debito, ma questo è il debito della fraternità. Ciò che il primogenito deve al padre non è il suo fedele

---

64Lc 15,31-32.

servizio nei campi, non è l'osservanza scrupolosa dei comandamenti, ma l'accogliere il fratello nella gratuità della festa e del perdono. Osserva Amapani:

> «Per un cristiano questa è la vera lotta spirituale: il bene dell'altro, il perdono che l'altro riceve è sempre il termometro della propria fede; la gioia che si prova per il bene dell'altro è un infallibile indicatore dell'autenticità della fede personale»[65].

L'amore del Padre non è un atto di costrizione. Sebbene il padre voglia guarirci da tutte le nostre tenebre interiori, siamo sempre liberi di fare la nostra scelta, di rimanere nelle tenebre o di entrare nella luce dell'amore di Dio. Dio è là. La luce di Dio è là. Il perdono di Dio è là. L'amore sconfinato di Dio è là. Ciò che è sicuro è che Dio è sempre là, sempre pronto a donare e perdonare, in modo assolutamente indipendente dalla nostra risposta. L'amore di Dio non dipende dal nostro pentimento o dai nostri cambiamenti interiori o esteriori. Che sia il figlio minore o il figlio maggiore, l'unico desiderio di Dio è di portarli a casa[66].

Il salto di fede significa sempre amare senza aspettarsi in cambio di essere amati, dare senza pretendere di ricevere, invitare senza sperare di essere invitati, sostenere senza chiedere di essere sostenuti. È ogni volta che faccio

---

65Cfr. AMAPANI A., *Un uomo aveva due figli.* o. c., 70-71.
66Cfr. NOUWEN H., *L'abbraccio benedicente.* o. c., 114-115.

un piccolo salto di fede, intravedo Colui che mi viene incontro e mi invita alla sua gioia, la gioia in cui posso ritrovare non solo me stesso, ma anche i miei fratelli e le mie sorelle. Così le discipline della fiducia e della gratitudine rivelano il Dio che mi cerca e arde dal desiderio di liberarmi da tutti i miei risentimenti e da tutte le mie lamentele e di farmi sedere al suo fianco al banchetto celeste[67]:

> «Questa è anche la ricchezza dell'uomo davanti a Dio: tutto ciò che è di Dio gli appartiene, non deve comprarlo, né meritarlo, gli è già stato dato con l'alleanza, con l'offerta di Cristo, con l'amore del Padre che si effonde in mille modi e continuamente nella storia. Se esiste un dovere, è solo quello della festa! "Si doveva": è l'espressione di una necessità divina, di un inesorabile progetto salvifico, di una abbondante effusione d'amore, della terapia della festa che ricorda l'uomo la sua alta dignità. È un altro modo per dire "è bene", "è cosa buona" fare di questo nuovo incontro fare una grande festa»[68].

67Cfr. IBIDEM, 128.
68Cfr. MANES R., *Il ritorno*. o. c., 74-75.

II CAPITOLO

L'AMORE DEL PADRE

II.1 LA PATERNITÀ DI DIO

Per non identificare la paternità divina con quella terrena, bisogna liberare il campo da eventuali equivoci. I padri terreni non sono padri nel senso in cui Dio è Padre. La risposta sul come intendere la paternità divina va ricercata, non prendendo in considerazione un modo errato di presentare l'immagine paterna di Dio, fatta dalle scienza umane, dalla psicanalisi o dall'ala radicale della teologia femminista, ma correggendo la figura di Dio con quella rivelataci da Gesù Cristo, quella che rintracciamo in particolare nei vangeli. Gesù Cristo, pur richiamandosi alla tradizione antico-testamentaria, presenta in modo innovativo la figura della paternità di Dio. Una paternità "spirituale".

In Matteo è presente un'affermazione che mostra la somiglianza e dissomiglianza tra paternità terrena e paternità divina:

> «Se dunque voi, anche se cattivi, sapete dare doni buoni ai vostri figli, quanto più il Padre vostro che è nei cieli darà cose buone a quanti gliene fanno richiesta»[69].

69Mt 7,11.

Qui appare una caratterizzazione molto positiva delle qualità dell'essere genitori: pur essendo cattivi o comunque limitati, essi sono in grado di offrire ai propri figli non solo il meglio di se stessi, ma anche di più. La paternità e la maternità umana rendono l'uomo capace di estrarre da sé tutta la bontà che possono contenere ed investirla senza badare a sprechi a favore dei propri figli.

Vi è poi un'espressione dell'Apostolo Paolo, contenuta nella Lettera ai Filippesi, in cui Dio è il modello di ogni paternità umana, una paternità che è responsabile, che è servizio, che genera e che accompagna. Quindi ogni paternità ha un riferimento a Dio:

> «Piego le ginocchia davanti al Padre, dal quale ogni paternità nei cieli e sulla terra prende nome»[70].

Ogni umana paternità è così immagine di quella divina, da cui trae la sua origine e ragion d'essere.Quando, allora, chiamiamo Dio con l'appellativo di "Padre", non intendiamo sottolineare la mascolinità a discapito della femminilità o della maternità, lo facciamo indipendentemente da qualsiasi considerazione di natura sessuale. Conviene ricordare sempre che la sua

---

70Ef 3,14.

paternità deve essere intesa in senso più ampio, cioè come paternità e maternità unite insieme.

È così che il Padre si pone come fonte e modello della paternità e della maternità non solo fisica,ma spirituale. In Dio, cioè, troviamo tutto ciò che è proprio della maternità e della paternità. La formazione della famiglia avviene, dunque, sotto l'influenza del Padre; la paternità e la maternità ricevono da Lui il potere di comunicare la vita e la responsabilità nella educazione della vita in un persona.

Inoltre, la paternità del Padre, che si manifesta nell'opera della grazia, chiarisce il bisogno di formazione spirituale dei figli nella famiglia. Il padre e la madre non hanno solo il compito di favorire lo sviluppo fisico di quanti sono stati affidati loro, ma sono anche e soprattutto responsabili della loro crescita spirituale. Se è modello la paternità di Dio, questa è la naturale e necessaria conseguenza.

Tuttavia, il «quanto più» del vangelo di Matteo esprime bene la capacità di donarsi propria del Padre che è nei cieli, una capacità che supera di gran lunga la nostra e funge da fiamma che di continuo la alimenta.

Parlare di Dio in termini di "padre" non sorprende. Per dire Dio, Gesù parte da ciò che il popolo eletto già conosce del suo Dio. Riprende così un aspetto caro alla rivelazione anticotestamentaria e lo arricchisce e rilancia per aiutare gli uomini del suo tempo e anche noi lettori di oggi ad avanzare nella conoscenza del vero volto di Dio[71].

La designazione di Dio come padre è ricorrente nella Scrittura, in tutte e due i Testamenti. Ciò tradisce l'importanza di questa immagine di Dio in tutta la testimonianza scritta della storia della salvezza. Il popolo di Israele sente Dio come padre e Gesù ne parla sempre in questi termini. Il termine padre, infatti, derivando dall'esperienza umana, corre il rischio di proiettare le nostre rappresentazioni della paternità.

La paternità di Dio è modello e fonte della paternità umana perché è una paternità che genera "la persona" la nutre, soffre per essa, che esprime tenerezza, non la ingloba in sé ma la lascia altra da sé. Consente alla persona di assumere responsabilità e di esprimere al meglio tutte le potenzialità insite nel suo essere persona pensante, liberà e ragionevole.

La parabola lucana vuole per tanto aiutarci a convertire questa espressione, purificandola dalle rappresentazioni umane della paternità. Nella Scrittura, poi, la rivelazione della figliolanza è come se precedesse quella della paternità:

71Cfr. MANES R., *Il ritorno*. o. c., 82.

«Così a detto il Signore: Israele è il mio figlio primogenito»[72].

Nella rivelazione biblica la paternità di Dio nei confronti degli uomini, più che una paternità di generazione, è una paternità di adozione come si vede in questa rilettura della storia di Israele:

> «Porzione del Signore e il suo popolo, Giacobbe è parte della sua eredità. Egli lo trovo in una terra deserta, nel disordine urlante delle solitudini: lo circondò, lo allevò, lo custodì come la pupilla dei suoi occhi»[73].

Va detto comunque che per Israele la sua figliolanza divina è il massimo privilegio di cui poter beneficiare; esso non ha nulla di mitologico, ma è la conseguenza concreta di un atto salvifico. Israele infatti è figlio di Dio non per discendenza naturale, come accadeva nelle narrazioni mitologiche, ma grazie ad un evento storico. L'elezione di Israele, che non ha in sé l'esclusione di altri popoli, e l'evento dell'esodo vengono interpretati come atti di alleanza a volte paterna, a volte sponsale, come si può dedurre dal testo del profeta Geremia:

> «Come vorrei collocarti tra i figli e darti una terra deliziosa, una eredità splendida tre gloriose nazioni!. Pensavo inoltre: tu mi chiameresti: "Padre mio" e non ti

72Es 4,22.
73Dt 32, 9-10.

allontaneresti più da me. Invece come una donna è infedele al suo amante così voi siete stati infedeli a me, casa di Israele»[74].

Nella Scrittura vi è dunque un passaggio dalla figura di Dio come capo a quella di padre, che si attua grazie a una graduale interiorizzazione del rapporto, che viene mediato anche dal legame di sponsalità, molto presente in Osea.In qualità di padre, Dio si assume il compito di educare suo figlio, di far crescere il suo popolo. Quella di Dio non è una paternità fredda né remota. Essa si esprime in un intenso amore pieno di sollecitudine e delicatezza.

Si tratta di una paternità che si volge più al futuro che al passato:

«Egli mi invocherà: mio padre sei tu, mio Dio, rupe della mia salvezza»[75].

Una realtà che si proietta in un tempo fuori dal tempo, in uno spazio fuori dallo spazio. Dio non è più colui di cui si raccontano opere meravigliose compiute in un passato ormai remoto, ma colui il cui agire viene annunciato nella modalità performativa dell'oracolo. L'immagine di Dio padre, che è significativa e accessibile a tutti grazie all'esperienza che ognuno fa del proprio padre biologico e che il popolo a fatto dei suoi padri nella fede, supera la barriera dell'esperienza per proiettarsi in un altrove che e del tutto nuovo, che sa di nuova alleanza e di nuova creazione. Il rivolgersi a Dio come padre

---

[74]GER 3,19-20.
[75]SAL 89,27.

è visto perciò come tensione verso il compimento, come l'efflorescenza suprema dell'identità profonda di ogni uomo[76].

La bellezza del volto del padre è proprio quella che si rivela in Gesù Cristo e nel suo mangiare con i peccatori, quale anticipo della sua Pasqua, nella quale egli è morto non solo per i peccatori, ma con i peccatori, crocifisso insieme a due malfattori. È morto laddove è sempre vissuto, in obbedienza alla volontà del Padre. Chi è allora il Dio di Gesù Cristo?

La grande novità è che esiste una persona divina che è Padre e che porta esclusivamente questo nome. Non si tratta di attribuire a Dio, considerato in tutta la sua realtà divina, la qualità di Padre, ma di riconoscere una persona divina che si definisce attraverso la paternità. Un Padre riconosciuto come "Papà". Infatti, l'appellativo "Abbà" usato da Gesù per richiamare colui al quale si rivolgeva la sua preghiera non significa solo "Padre": si deve tradurre piuttosto con "papà". Era il nome di cui si servivano i bambini ebrei per rivolgersi familiarmente al proprio padre. Mai prima di allora questo nome era stato utilizzato dagli Ebrei nella loro preghiera; la familiarità che implicava non sembrava adatta a un Dio sovrano e onnipotente. Questo semplice appellativo, quindi, racchiude in sé una grande novità. Nei testi evangelici il

76Cfr. MANES R., *Il ritorno*. o. c., 84.

termine “Abbà” appare una sola volta nella preghiera al Getsemani riportata da Marco.

La prossimità del Padre, rivelata nel termine “Abbà”, non significa tuttavia che ilvolto del Padre sia definibile una volta per tutte. La paternità del Padre, infatti, ma è ciò che ciascuno deve scoprire e incontrare nel suo ordinario cammino di conversione. Convertirsi, come ci ha già ricordato la parabola lucana, non ha altro significato che ricercare il volto Padre e volgersi radicalmente verso di lui.

D’altro canto, l’amore è sempre molto coinvolgente, si espande, attiva anche la libertà e la responsabilità di altri, ancora quiescenti. Il misericordioso è colui che possiede un cuore capace di avere compassione. Nella versione ebraica, l’organo della misericordia rimanda alle viscere materne gravide di vita. Questo ricorda che la misericordia è sempre un rigenerare la vita, un sanare la libertà, un restituire l’uomo a se stesso e alla sua verità.

Nei gesti del padre, che nascono da questa misericordia viscerale e materna, si attesta il suo desiderio non solo di riaccogliere il figlio, ma di restituirgli la vita e ricreare la sua libertà. Questa libertà era giunta all’estrema degradazione, riducendosi non solo nel bisogno, ma nella schiavitù e, peggio ancora, nella paralisi. Ebbene, questa libertà viene ora rivestita dell’abito filiale, dell'anello dell'autorità, dei calzari dell'uomo libero, ed è accolta non soltanto nella casa, ma nella festa, che esprime la dimensione della gratuità della vita e la gioia del suo compimento, anticipo di quel sabato escatologico del riposo in Dio in vista del quale l'uomo e ogni altra realtà sono stati creati:

(il soggetto è l'uomo)

> «È festa del perdono nella quale l'uomo può entrare a condizione di lasciarsi ricreare dal gesto misericordioso e materno del Padre, che gli cuce addosso una veste nuova, il simbolo battesimale di una vita nuova, che rinasce, come ricreata, dalle acque del perdono di Dio, nell'immersione nel sangue della Pasqua di Cristo»[77].

Anche questo rivestire dell'abito è un gesto tipicamente materno. C'è un'analogia profonda, non solo d'immagine, ma storico-salvifica, tra questo gesto del padre della parabola e quello che Dio compie all'inizio della storia, nel libro della Genesi, quando, dopo il peccato di Adamo ed Eva, cuce loro delle tuniche di pelle per rivestire la loro nudità. In essa traspare la ferita di una libertà incompiuta e peccaminosa, di cui Dio si prende cura, rigenerandola attraverso il dono di una veste, che già prelude alla veste di lino

---

77AMAPANI A., *Un uomo aveva due figli.* o. c., 92.

puro splendente che viene donata alla fidanzata dell'Apocalisse, pronta per le nozze dell'Agnello.

> «Dalla nudità di Adamo ed Eva all'abito da sposa dell' Apocalisse: tra questi due simboli è iscritta l'intera storia della salvezza che è storia dell'inesauribile misericordia di Dio e della pazienza con cui egli continua a cucire per ciascuno l'abito del suo perdono che rende figli adottivi e figli liberi nella sua casa, nella sua festa, che è sempre una festa di nozze, vale a dire della pienezza dell'incontro e della comunione, dove davvero si scopre che tutto ciò che è del Padre e anche di ogni battezzato»[78].

Il padre, che è Padre del cielo, è presentato come colui che dà, come l'unico che dà tutto: l'eredità, il vestito, il cibo. Più di ogni altra cosa, più del vestito al quale spesso è accoppiato, il cibo è simbolo per eccellenza del dono di Dio e della maniera in cui noi lo dobbiamo ricevere. Perché, se l'eredità viene data una sola volta, e il vestito da una stagione all'altra, il cibo viene dato tutti i giorni; come la manna che non è il prodotto del lavoro dell'uomo, ma simbolo del dono di Dio, ogni giorno rinnovato e che deve essere accolta giorno dopo giorno come il segno per eccellenza della sua prodigalità.

La vera prodigalità descritta nella parabola non è tanto quella del figlio minore, quanto piuttosto quella del padre. Il padre infatti, esce dalla propria

---

78IBIDEM,93.

casa, ma anche, in qualche modo, dal proprio ruolo, dalla propria dignità offesa dall'abbandono del figlio minore, come pure dal risentimento duro e aggressivo del figlio maggiore.

In questo movimento si può forse riconoscere una kénosi del Padre, uno svuotamento di sé nella debolezza dell'amore, per riconciliare con sé i due figli che per vie diverse lo hanno entrambi rifiutato. Anche in questo uscire del Padre c'è tutta la storia della salvezza: è il Padre che esce da sé nel Figlio, in un movimento kenotico che giunge fino alla croce; è il Padre che continua a uscire da sé nello Spirito. Questo uscire avviene peraltro nella debolezza. All'inizio del racconto il padre sembra subire passivamente l'azione del secondogenito; alla fine appare ugualmente disarmato dinanzi al rifiuto del figli maggiore. Ma questa è la debolezza dell'amore, di un pàthos che si subisce; il padre patisce l'azione dei due figli, ma nello stesso tempo pazienta nell'amore e li attrae a sé sulla via del ritorno, con una paràclesi che consola e persuade, perché non si arresta alle sole sollecitudini verbali, ma fa percepire il calore di una comunione. Questa è l'uscita del Padre, la sua kènosi[79].

79Cfr. IBIDEM,93-95.

Se la conversione consiste nel volgere lo sguardo al volto autentico del Padre, essa è sempre preceduta e resa possibile dal volto stesso di Dio che si converte verso il figlio:

> «Facci ritornare a te, Signore, e noi ritorneremo»[80].

E la croce, il figlio crocifisso, è la risposta del Padre a questa invocazione. Nella croce del Figlio il Padre a rivolto in modo definitivo e culminante, senza riserve e senza pentimenti, il suo volto al figlio e al suo peccato.

L'amore del padre va oltre il giudizio del mondo, oltre la ribellione del suo figlio minore, oltre le recriminazioni del figlio più grande. Non vuole ammaestrarli a parole. Sa che non ne riceverebbero nulla. Non comprenderà nulla il figlio minore. Ora bisogna lasciarlo vagabondare, patire, imparare, vedere di persona. Non comprenderà neppure il figlio maggiore: bisognerà lasciargli il tempo di accettare, attraverso e oltre la sua ribellione. Il padre sa che entrambi i figli corrono un rischio mortalmente pericoloso, ma non vede altra soluzione. Li accompagnerà sempre con il suo amore, che rimane nella casa, ma si dispiega ovunque. Per questo non reagisce nervosamente, non fa pressioni. Educa i figli sopportando interamente e in silenzio, salendo sulla croce dell'attesa e parlando solo quando i figli torneranno a rivolgergli la

---

80LAM 5,21.

parola. Questa croce dell'attesa, croce della pazienza, del pàthos, e dunque della passione stessa di Dio, è la croce dalla quale il Padre, attraverso il Figlio, attira tutti a sé[81].

Un comportamento, quello del padre, che, tra le altre cose, ci rivela il come e il perché disporsi in atteggiamento di contemplazione. Contemplare, infatti, non significa solo fissare lo sguardo su Dio, ma anche fare attenzione per percepire il suo stesso sguardo contemplativo su ciascuno di noi.

C'è uno sguardo del padre su ciascuno che precede, accompagna, attira tutti a sé, insegna la via del ritorno. Uno sguardo che raggiunge anche nei luoghi del vagabondaggio e del peccato. Non è uno sguardo indagatore è incombente, ma ricco di misericordia viscerale: "lo vide ed ebbe compassione". Non è uno sguardo che si limita a osservare da lontano, come farebbe lo spettatore di uno spettacolo, ma si lascia coinvolgere e tende all'incontro. È uno sguardo capace di riconoscere l'immagine del figlio anche qualora venisse deformata, gettata via, e resa schiava. Non solo la riconosce, ma anche la ricrea.

Questo sguardo del Padre che raggiunge ogni uomo nel luogo della lontananza e del peccato ricorda che di fatto il Padre non lo si conosce, ma lo si "ri-conosce". Non si conosce il Padre immediatamente, in prima battuta, ma

81Cfr. AMAPANI A., *Un uomo aveva due figli.* o. c., 96.

lo si riconosce a partire dai luoghi delle tenebre e della dispersione; dunque, ciò che riconosciamo del Padre è anzitutto il suo chinarsi sul rifiuto filiale, questo suo riconciliarsi dopo e nonostante il peccato.

Ogni cammino di ricerca del Padre è sempre un itinerario di ritorno, di conversione. Sarebbe vana la ricerca del Padre, se presumesse di poter attestarsi su un terreno neutro, ancora vergine, previo alle decisioni di ogni libertà. Ogni ricerca avviene sempre a partire dalla consapevolezza di una distanza dal Padre, che non è l'uomo a colmare, ma che Egli supera scorgendolo da lontano e correndogli incontro sospinto dalla commozione che lo afferra nella profondità delle sue viscere materne e paterne. Quindi non è la creatura a conoscere il Padre creatore andando verso di lui, ma lo si può riconoscere e contemplare nel suo venire verso di essa, in un amore gratuito, preveniente, che perdona e riconcilia. È quella del perdono la categoria fondamentale che permette di contemplare il volto del Padre, non quella della presunzione di giustizia[82].

Se si pretendesse di conoscere il volto di Dio a partire da ciò che si fa per lui, e lui deve ricompensare, non si comprenderebbe mai nulla del suo mistero e

---

82Cfr. AMAPANI A., *Un uomo aveva due figli.* o. c., 97.

Dio rimarrebbe uno sconosciuto, un Dio ignoto. Per questo Amapani può scrivere:

> «A rivelare il volto del Padre non è il capretto che si pretenderebbe da lui in ricompensa del nostro fedele servizio, ma il vitello ingrassato che egli offre per i peccatori, cioè propri per coloro che non lo hanno affatto meritato. Finché si è in ricerca del Padre sulle vie della giustizia retributiva, non lo si incontrerà mai. Se al contrario lo si cerca nei luoghi della misericordia, là dove si condivide la mensa con i peccatori, là dove si fa festa per chi era perduto ed è stato ritrovato, allora là, soltanto là, lo si incontrerà»[83].

"Bisognava far festa", dirà il Padre al figlio maggiore. Bisognava per il padre della parabola non è pensabile un comportamento diverso. Questo "bisognava" esprime tutto l'atteggiamento di Dio, in cui si ricapitola l'intera storia della salvezza. È lo stesso "bisognava" che include in sé la vicenda pasquale di Gesù. Alle donne che accorrono alla tomba vuota, gli angeli annunciano:

> «Ricordatevi come vi parlò quando era ancora in Galilea e diceva: "Bisogna che il figlio dell'uomo sia consegnato in mano ai peccatori, sia crocifisso e risorgerà il terzo giorno"»[84].

83IBIDEM, 98.
84Lc 24,6-7.

Bisognava far festa, bisognava che il vitello ingrassato fosse offerto per i peccatori, per la loro conversione e il loro ritorno. Il fratello maggiore deve giungere a comprendere il senso di questa necessità salvifica. Soltanto convertendo il suo volto verso il fratello peccatore potrà giungere a conoscere pienamente il volto del padre.

La festa del vitello ingrassato offerto per l'ecumene è la festa del Regno di Dio. A questo riguardo, la parabola ricorda che si può correre il rischio di autoescludersi dalla festa del regno, perché si pretende di escludervi qualcuno ritenuto non degno di parteciparvi. Al contrario, non si entra nella festa da soli, ma sempre in compagnia del fratello[85].

II.2 UN AMORE INEFFABILE

Viviamo perché siamo toccati dall'amore dei genitori e di altre persone, che è solo il riflesso di un amore più grande. La percezione di noi stessi è stata valorizzata dal vero amore ed è diminuita quando l'amore della famiglia è stato imperfetto. Questa è l'esperienza limitata di un amore illimitato che ci

85Cfr. AMAPANI A., *Un uomo aveva due figli.* o. c., 100.

rende consapevoli del nostro profondo bisogno interiore di qualcuno che ci ami incondizionatamente[86].

Difatti, la negazione di questo amore non è odio, ma paura.Se si vive nella condizione di chi non ha ancora riconosciuto pienamente la sua condizione di figlio amato di Dio, si porta con sé una sofferenza, al contempo, vera e immaginaria che riguarda l'essere non amato, maltrattato, rifiutato e inaccettabile. Vera, perché fa soffrire. Immaginaria, perché frutto delle nostre elucubrazioni, a fronte dell'amore inesauribile del Padre.

Questa falsa percezione di sé risveglia sentimenti di solitudine, paura e angoscia. Quando si avverte il pericolo, per istinto di autodifesa, si costruiscono muri reali o immaginari accumulando riserve per le emergenze e si trattengono emozioni, soldi, conoscenza, cose materiali e amore, per timore che un'altra persona diventi più forte o riesca meglio di noi. Quando gli orizzonti sono dominati dal panico, si anticipa sempre il peggio. Da dietro il muro si teme il peggio, si teme che dal di fuori si complotti per abbatterlo. La paura consuma e impedisce di seguire l'aspirazione intima ad amare ed essere amati. La paura genera il sentimento di essere insicuri, non amati e soli e ci fa

86Cfr. NOUWEN H., *Ritornare a casa. Ulteriori riflessioni sulla parabola del figlio prodigo*, Editrice Queriniana, Brescia 2010,169.

credere che non saremo amati se agiamo liberamente. Ci induce a dividere il mondo fra amici e nemici, ci spinge ad accumulare, ci priva della nostra capacità di amare e di essere contraccambiati e ci obbliga ad aggrapparci alle persone e alle cose. Ancora una volta a partire dalle sue originali riflessioni sulla parabola del padre misericordioso, avverte Nouwen:

> «La paura limita la nostra capacità di metterci interiormente in relazione con lo Spirito dell'Amore. Quando permettiamo deliberatamente alla paura di dominarci e di cambiarci, viviamo nell'infelicità, lontani dalla nostra casa di amore incondizionato»[87].

L'amore del nostro Creatore è puro dono, immeritato e libero. Siamo liberi di metterci o non metterci in relazione con la Fonte di tutta la vita. Un amore più grande abbraccia tutto l'amore che abbiamo conosciuto, di padri, madri, consorti, fratelli, sorelle, figli, insegnanti, amici, compagni o consiglieri.

Dunque:

> «Accogliere l'amore incondizionato ci rende automaticamente più simili all'Amante incondizionato. L'amore divino dura per sempre»[88].

Il racconto lucano, che ispira la presente ricerca, si propone come un'immagine sorprendente di un Dio che aspetta pazientemente di essere in

---

87IBIDEM, 175.
88IBIDEM, 177.

comunione con noi. Anche se ci allontaniamo da casa, l'Amore attende il nostro ritorno. Possiamo condannarci da soli, ma non saremo oggettivamente giudicati, poiché è la natura stessa dell'Amante che Gesù ci invita a conoscere. E quando riceviamo misericordia diventiamo misericordiosi, come la figura paterna.

Pur nella sua bellezza, questo racconto non può spiegare in pienezza la grande verità su quanto Colui che ci ha creati ami noi con gioia appassionata. Alcune immagini scritturistiche di Dio ci parlano più dei limiti dell'espressione umana e di una data visione del mondo che del cuore di Colui che ha modellato l'universo. Tuttavia, come insegna la *Dei Verbum,* cresce la nostra comprensione della divina rivelazione e siamo, forse, oggi in una condizione più favorevole per penetrare nella bellezza del mistero dell'Amore del Padre[89] e, in qualche modo, "vedere coi nostri occhi e toccare con le nostre mani"[90]:

> «L'umanità ha bisogno di vedere che cos'è la misericordia in carne ed ossa, nella vita di una persona. Se conoscesse solo le parole, direbbe che sono irreali, utopiche, impossibili da realizzare. La grandezza irraggiungibile di Gesù è quella

---

89«Questa Tradizione di origine apostolica progredisce nella Chiesa con l'assistenza dello Spirito Santo: cresce infatti la comprensione, tanto delle cose quanto delle parole trasmesse, sia con la contemplazione e lo studio dei credenti che le meditano in cuor loro (cfr. Lc 2,19 e 51), sia con la intelligenza data da una più profonda esperienza delle cose spirituali, sia per la predicazione di coloro i quali con la successione episcopale hanno ricevuto un carisma sicuro di verità. Così la Chiesa nel corso dei secoli tende incessantemente alla pienezza della verità divina, finché in essa vengano a compimento le parole di Dio»: Costituzione Dogmatica sulla Divina Rivelazione, *Dei Verbum,* 18 novembre 1965, n.8; AAS 58, (1966) 817-835; EV 1/872-911.
90Cfr. 1Gv 1,1.

di averci donato la medicina della misericordia nella sua stessa persona. Le sue parole, il suo sguardo, i suoi gesti sono l'irradiazione di un mistero di bontà che va al di là di ogni nostra capacità di comprendere. Gesù è abisso di misericordia»[91].

Ed è questo abisso di misericordia che rivela il volto del Padre. È Gesù che, inviato dal Padre, annuncia: "Io non sono venuto a chiamare i giusti, ma i peccatori"[92]. Non desta, dunque, sorpresa che il padre di Luca 15, il Padre rivelato dal Cristo, possa ripetere, ancora oggi:

> «Non fare tanti discorsi ma abbi fiducia nel mio cuore pietoso. Servi, portate qui il vestito più bello e fateglielo indossare, mettetegli l'anello al dito e i sandali ai piedi. Ammazzate il vitello grasso e facciamo festa, perché questo mio amato era perduto ed è stato ritrovato, era morto ed è tornato in vita»[93].

L'amore del Padre è vero, reale, ed è immutato, nonostante le nostre scelte poco sagge, dunque siamo chiamati a tornare sui nostri passi e a lasciarci formare a sua immagine.

Siamo, perciò, chiamati a crescere nella nostra conoscenza della vera Sorgente della Vita, a lasciare entrare questo Spirito di tutta la verità nei nostri

---

91FANZAGA L., *Il coraggio del perdono*. o. c., 31.
92MT 9,13.
93Cfr. LC 15,22-24.

cuori perché scacci le paure, il rancore e l'odio e formi la nostra vita a immagine dell'Amante Divino non lasciandoci scandalizzare per le volte che ci avviamo verso il ritorno, dopo aver, ancora una volta, rinnegato l'amore del Padre.

In altri termini, tornare a casa significa anche, per noi, allontanarci dalle paure penetranti che paralizzano le relazioni, ci imprigionano nella miseria e ci rubano la libertà. Il nostro ritorno implica che anche noi riconosciamo la luce della verità nei frantumi delle nostre vite individuali. Non siamo altro che bambini timorosi, incapaci di metterci in relazione fiduciosa, intima e permanente con l'Amore del Padre:

> «Tutta la missione di Gesù, la sua venuta in mezzo a noi, consisteva nel richiamarci a casa, alla verità della nostra vita. Egli vive e insegna l'appartenenza al grembo dell'Amore Immutabile, all'intimità delle Presenza Accompagnatrice, alla casa del datore della Vita e dello Spirito, al nome del Creatore Compassionevole»[94].

Il nome di Dio è la nostra casa, la nostra dimora. Gesù ci raccoglie tutti nel cuore dell'Amore.

94NOUWEN H., *Ritornare a casa.* o. c., 181.

Quando siamo nel cuore del Divino, siamo anche nel cuore del mondo, perché il mondo dimora nel cuore del suo Creatore. È nel cuore dell'Amore che alla fine vestiamo i panni della figura divina e diventiamo compassionevoli, amanti degli altri nella famiglia umana, a prescindere da razza, religione, cultura.

Dalla nostra dimora nel cuore dell'Amore siamo liberi, possiamo essere generosi e accoglienti pur rimanendo sempre a casa:

> «Non è la creatura a conoscere il Padre Creatore andando verso di lui, ma lo si può riconoscere e contemplare nel suo venire verso di essa, in un amore gratuito, preveniente, che perdona e riconcilia»[95].

È quella del perdono la categoria fondamentale che permette di contemplare il volto del Padre, non quella della presunzione di giustizia.

95Cfr. AMAPANI A., *Un uomo aveva due figli,* o. c.,98.

II.3 IL MIRACOLO DELLA VITA

Il Dio che soffre a causa del suo immenso amore per i propri figli è lo stesso Dio che è ricco di bontà e misericordia[96] e desidera rivelare ai suoi figli la ricchezza della sua gloria[97]. Il padre non solo perdona senza fare domande e accoglie gioiosamente il figlio perduto, ma non può aspettare per dargli una vita nuova, una vita in abbondanza[98]; è così desideroso di dare la vita al figlio che ritorna, da sembrare quasi impaziente.

Difficilmente si ha l'immagine di un Dio che dà una grande festa per un figlio ritrovato, poiché sembra contraddire la solennità e la serietà che gli sono attribuite. Ma quando ci si sofferma sui modi con cui Gesù descrive il regno di Dio, un banchetto gioioso ne costituisce spesso il centro:

> «Molti verranno dall'oriente e dall'occidente e siederanno a mensa con Abramo, Isacco e Giacobbe nel Regno dei Cieli»[99].

Gesù paragona il Regno dei Cieli a un banchetto di nozze offerto da un re per suo figlio. I servi del re vanno ha chiamare gli invitati con le parole:

96Rm 2,4.
97Ibidem,9,23.
98Cfr. Gv 10,10.
99Mt 8,11.

«Ecco, ho preparato il mio pranzo; i miei buoi e i miei animali ingrassati sono già macellati e tutto è pronto; venite alle nozze»[100].

Ma molti non se ne curano. Sono troppo presi dai loro affari, proprio come nella parabola del figlio prodigo. Eppure Gesù esprime qui il grande desiderio di suo Padre di offrire ai propri figli un banchetto e la sua impazienza di celebrarlo, anche se coloro che sono invitati si rifiutano di venire.I festeggiamenti appartengono al regno di Dio.

L'invito al banchetto è un invito all'intimità con Dio. Ciò è chiaro specialmente nel contesto dell'Ultima Cena, poco prima della morte di Gesù. Dio non solo offre perdono, riconciliazione e guarigione, ma vuole elevare questi doni a fonte di gioia per tutti coloro che li testimoniano. In tutte e tre le parabole che Gesù racconta per spiegare perché egli mangi con i peccatori, Dio gioisce e invita gli altri a gioire con lui; il pastore[101], la donna[102], il padre[103]. Tutte queste voci sono le voci di Dio. Dio non vuole tenersi la gioia per sé.Vuole che tutti vi partecipino. La gioia di Dio e la gioia dei suoi angeli e dei suoi santi; e la gioia di tutti coloro che appartengono al Regno.

Dio si rallegra perché uno dei suoi figli che era perduto è stato ritrovato.

100Ibidem,22,4.
101Lc 15,6.
102Lc 15, 9.
103Lc 15, 22-24.

Ciò a cui l'uomo è chiamato, è partecipare a quella gioia. È la gioia di Dio, non la gioia che offre il mondo. È la gioia di vedere un figlio che cammina verso casa in mezzo a tutte le distruzioni, le devastazioni e l'angoscia del mondo. È una gioia nascosta, quasi invisibile.

Nondimeno, il padre del figlio prodigo si abbandona totalmente alla gioia che il figlio ritrovato gli procura. Bisogna imparare a rubare tutta la gioia vera che è possibile afferrare e porla in luce perché gli altri la vedano. Sappiamo che non tutti hanno accolto l'invito del Padre, che non c'è ancora pace nel mondo intero, che ancora non è stato eliminato tutto il dolore, tuttavia vediamo persone che cambiano e tornano a casa; sentiamo voci che pregano, notiamo momenti di perdono e assistiamo a molti segni di speranza. Non dobbiamo aspettare che tutto vada bene, ma possiamo festeggiare ogni piccolo indizio del Regno che sia a portata di mano[104].

Il premio per chi sceglie la gioia è la gioia stessa. Ad esempio, chi sceglie di condividere la sua vita con i disabili, nelle comunità di recupero e in tutte le altre periferie esistenziali riporta a questo. C'è tanto rifiuto, dolore e fragilità tra noi, ma una volta che si sceglie di affermare la gioia nascosta in mezzo a

---

104Cfr.NOUWEN H.,*L'abbraccio benedicente.* o. c., 168-170.

tutta la sofferenza, la vita diventa una festa. La gioia non nega mai la tristezza, ma la trasforma in terreno fertile per una gioia maggiore.

> «Dalla prospettiva di Dio, un atto nascosto di pentimento, un piccolo gesto di amore disinteressato, un momento di vero perdono, sono tutto ciò che è necessario perché sul suo trono corra incontro al figlio che ritorna e i cieli si riempiano di suoni di gioia divina»[105].

Quando Gesù parla del mondo, lo fa in termini molto realistici. Parla di guerre e rivoluzioni, terremoti, peste e carestie, persecuzione e incarceramenti, tradimento, odio e assassinii. Non c'è alcun indizio che questi segni delle tenebre del mondo scompariranno per sempre, quindi una gioia sì, ma non senza dolore, gioia ad occhi aperti, non da ingenui sognatori.

Tuttavia, la gioia di Dio può essere nostra anche in mezzo alle sofferenze e alle ingiustizie. È la gioia di appartenere alla famiglia di Dio, il cui amore è più forte della morte e ci permette di essere nel mondo appartenendo già al regno della gioia.

Questo è il segreto della gioia dei santi. Da san Francesco d'Assisi a Madre Teresa di Calcutta, la gioia è stata il segno degli uomini e delle donne di Dio e

---

105IBIDEM, 171.

la generosità fino a donare sé stessi il metro della loro fede[106]. Tale gioia si può scorgere sui volti di tante persone semplici, povere e spesso sofferenti che vivono oggi in mezzo a tanti sconvolgimenti economici, sociali, ma che possono già sentire la musica e le danze della casa del Padre:

> «Coloro che sono riusciti ad assaporare la gioia di Dio non negano le tenebre, ma scelgono di non vivere in esse. Affermano che della luce che splende nell'oscurità ci si può fidare più che dell'oscurità stessa e che pochissima luce può disperdere molta oscurità»[107].

Una piccola candela, accesa in una stanza totalmente buia, può allontanare il buio e imporsi per il suo essere luce. Si scopre, così, che esistono persone che si prendono cura delle reciproche ferite, si perdonano le offese, condividono i loro beni, promuovono lo spirito di comunità, festeggiano i doni che hanno ricevuto e vivono nella costante anticipazione della piena manifestazione della gloria di Dio.

> «Come i rami visibili producono frutto per la linfa che sale dalle radici invisibili, cosi la verginità fiorisce visibilmente, alimentata da tante verginità nascoste e anonime. La nostra verginità viene guarita, nutrita e, a volte, risuscitata da tanta ricchezza spirituale sconosciuta a tutti. Bisogna essere grati a tutti coloro che la vivono in segreto, e accettare con umiltà di essere da essi nutriti. Al compito dello

106Cfr. IBIDEM, 172.
107IBIDEM 172.

sguardo corrisponde, in risposta, il compito del nutrimento. La nostra verginità consapevole, pertanto, si nutre e si alimenta non solo dei mezzi soprannaturali: Sacra Scrittura, preghiera, comunità, ma anche della verginità nascosta presente in tanti uomini. È lo Spirito che tesse i fili mettendo in comunione gli uni, visibili, e gli altri, invisibili. Quando le due realtà si incontrano e si riconoscono allora si sprigiona una profonda reciprocità che genera gioia indicibile. Cosa che, a volte avviene realmente su questa terra. Tutto di Cristo è dono al mondo intero, anche la sua verginità»[108].

Ogni momento di ciascun giorno si ha la possibilità di scegliere tra cinismo e gioia. Ogni pensiero, ogni parola, ogni azione possono essere cinici o gioiosi. Si è sempre più consapevoli di tutte queste possibili scelte e si scopre sempre più che ogni scelta a favore della gioia rivela a sua volta un di più di gioia e offre una ragione inferiore per fare della vita una vera festa nella casa del Padre. Gesù ha vissuto appieno questa gioia della casa del Padre. In lui possiamo vedere la gioia del Padre:

«Tutto quello che il Padre possiede è mio»[109].

Questa gioia divina non annulla il dolore divino. Nel nostro mondo, gioia e dolore si escludono a vicenda. Quaggiù, gioia significa assenza di dolore e dolore assenza di gioia, ma distinzioni del genere non esistono in Dio. Gesù,

---

108CASTELLANA F., *Una tenda per Dio*. o. c., 111-112.
109GV 16,15.

il Figlio di Dio, è l'uomo delle sofferenza, ma anche l'uomo della gioia completa. Un barlume di questa verità lo possiamo cogliere quando constatiamo che, nel momento della sua maggiore sofferenza, Gesù non è mai separato dal Padre. La sua unione con Dio non viene mai meno, nemmeno quando si sente abbandonato da Dio[110]. La gioia di Dio appartiene alla sua condizione di figlio, e questa gioia di Gesù e del Padre suo viene offerta a ciascun uomo. Gesù vuole che ogni uomo e ogni donna abbiano l'identica gioia di cui lui stesso gode:

> «Come il Padre ha amato me, così anch'io ho amato voi. Rimanete nel mio amore. Se osserverete i miei comandamenti, rimarrete nel mio amore, come io ho osservato i comandamenti del Padre mio e rimango nel suo amore. Questo vi ho detto perché la mia gioia sia in voi e la vostra gioia sia piena»[111].

Come figli di Dio, ritornati a vivere nella casa del Padre, sta a noi affermare la gioia di Dio. Eppure, raramente c'è un periodo di tempo nelle nostre vite in cui non si è tentati dalla tristezza, dalla malinconia, dal cinismo, dall'umor nero, da pensieri cupi, da riflessioni morbose e da ondate di depressione. E spesso consentiamo loro di soffocare la gioia presente nella casa del Padre.

110Cfr. NOUWEN H., *L'abbraccio benedicente.* o. c., 174.
111Gv 15,9-11.

Ma quando si crede veramente di essere già ritornati e che il Padre ci ha già vestito con mantello, anello e calzari, è possibile rimuovere dal cuore la maschera della tristezza, scacciare la menzogna dai nostri cuori e affermare la verità con la libertà interiore dei figli di Dio.

Ma c'è di più. Un figlio non rimane un bambino. Un figlio diventa un adulto. Un adulto diventa padre e madre. Quando il figlio prodigo torna a casa, torna non per rimanere un bambino, ma per affermare la sua condizione di figlio e diventare lui stesso un padre. Come figlio di Dio che è ritornato ed è invitato a riprendere il proprio posto nella casa del Padre, la sfida ora, o meglio, la chiamata, è diventare padre.

Per lungo tempo si può vivere con la convinzione che tornare alla casa del Padre, fosse la chiamata definitiva. Ma ci vuole un lavoro spirituale per far sì che il figlio maggiore e il figlio minore che sono in noi tornino indietro e ricevano l'amore accogliente del Padre. Il fatto è che, sotto molti aspetti, ci si ritorna pian piano.

Tuttavia, più si arriva vicino a casa, più si fa chiaro che esiste una chiamata che va al di là della chiamata a tornare. È la chiamata a diventare il padre che accoglie a casa e chiede che si faccia festa. Avendo recuperato la condizione di figlio, si deve rivendicare la condizione di padre. Tutta la missione di Gesù, la sua venuta in mezzo a noi, consiste nel richiamarci a casa, alla verità della nostra vita. Come scrive ancora Nouwen:

> «Egli vive e insegna l'appartenenza al grembo dell'Amore Immutabile, all'intimità della Presenza Accompagnatrice, alla casa del datore della Vita e dello Spirito, al nome del Creatore Compassionevole»[112].

Il nome di Dio è la nostra casa, la nostra dimora dove possiamo rispondere:

> «Sono a casa. Sono nel suo nome, dove vivo e dove trovo sicurezza»[113].

Da questo dimorare nella sua Casa, usciamo nel mondo senza lasciare mai la sorgente di appartenenza. Il nome, la casa, la famiglia, il grembo e la comunione sono dove noi dimoriamo, radicati e saldi. Gesù dice di vivere totalmente in una relazione intima con il Divino e che non c'è nulla in lui che non sia racchiuso in questo abbraccio. Egli sa di essere mandato nel mondo per offrire a noi lo stesso dono. Anche noi viviamo nell'intimo abbraccio del Santo. Dobbiamo lasciarci abbracciare dall'abbraccio.

112Cfr. NOUWEN H., *Ritornare a casa.* o. c.,181.
113IBIDEM.

III CAPITOLO

L'ATTESA DIVENTA ABBRACCIO

III.1 LA STRADA DEL PECCATO E DELLA RICONCILIAZIONE. UN'UNICA VIA.

Dio guarda a noi come figli, e non è semplicemente un titolo, ma lo siamo realmente[114]. Non siamo figli di Dio Padre come lo è il Figlio, perché non siamo dei; non siamo però nemmeno figli alla maniera dell'adozione legale umana. Quando un uomo adotta un bambino come figlio gli dà il proprio nome, i suoi titoli, l'eredità, ma non gli dà il proprio sangue. Dio non si limita a darci un titolo e certi diritti all'eredità, ma ci rende partecipi della sua natura e della sua vita; la grazia santificante ci fa nascere come figli di Dio, che:

> «Non da sangue, né da volere di carne, né da volere di uomo, ma da Dio siamo stati generati»[115].

La grazia, che riceviamo nel battesimo, ci fa diventare figli di Dio, creando in noi un vero rapporto di filiazione con Dio Padre. È un rapporto, però, che

114Cfr. Gv 3,1.
115Gv 1,13.

possiamo perdere se commettiamo peccato[116]. Il peccato, come il Signore ci ha insegnato e come l'esperienza dimostra, è causa di molti mali per l'uomo: sfiducia, contrasti, disordini, amarezza interiore in chi lo commette e negli altri. Ma soprattutto lede la dignità soprannaturale dei figli di Dio. Il peccato è sempre un'ingiustizia nei confronti di Dio: ha una dimensione trascendente, ed è la sua dimensione più importante. Per questo è il male vero, il peggiore che possa accadere ad una persona, che sceglie il peccato, è il rifiuto del rapporto di filiazione con Dio, che, se irrevocabilmente mantenuto, lo rende meritevole dell'inferno[117].

Ma quel che deve convincerci a non commettere il peccato non deve essere tanto il timore del castigo eterno, quanto il timore di offendere il Padre misericordioso, che ci ama e ci ha amato tanto da inviarci suo Figlio[118]. Per questo, ora non si tratta più solo della creatura che rinnega il suo Creatore, ma del redento che disprezza il suo Redentore.

Il libro di Giona, che contiene solo quattro capitoli è una piccola trama nel grosso cavo delle Scritture. Eppure quali abissi dell'anima non scandaglia la profonda sagoma di Giona? Com'è tempestosamente e fragorosamente

116Cfr. GARCIA J., *Le buone ragioni della fede. Conversazioni sui misteri cristiani,* Edizioni Ares, Milano 2003, 146.
117Cfr. IBIDEM, 147.
118Cfr. GV 3,16.

solenne! Lo si potrebbe definire il racconto degli effetti del peccato, della durezza di cuore, di timori improvvisi, del rapido castigo, del pentimento, delle preghiere e finalmente della liberazione e della gioia di Giona[119].

A volte, consideriamo il sacramento del perdono come una cura per la nostra inquietudine, un modo per ritrovare l'allegria, e non ci rendiamo conto della gioia che diamo a Dio chiedendogli perdono. È impressionante questa attesa di Dio: un Dio che non si dimentica dell'uomo che si è allontanato da Lui, ma anzi lo aspetta amorosamente:

> «Dio ci aspetta, come il padre della parabola, con le braccia aperte, benché non lo meritiamo. Non gli importa l'entità del nostro debito. Come nel caso del figliol prodigo, dobbiamo soltanto aprire il cuore, sentire la nostalgia del focolare paterno»[120].

Una rivelazione di sconvolgente bellezza, che dice l'assoluta fiducia di Dio nel suo Popolo, e in ogni uomo peccatore. Non dovremmo mai dimenticare che, ogni volta che proclamiamo la nostra sfiducia nell'uomo, stiamo confessando di non avere fiducia nell'azione salvifica di Dio. Non importa quanto grande sia il tradimento; del resto, ci può essere forse un tradimento più grande di quello di Pietro o di quanti, anche a nome nostro, hanno messo a

---

119Cfr. MELVILLE H., *Moby Dick*, Adelphi Edizioni, Bergamo 1987, 70-71.
120GARCIA J., *Le buone ragioni della fede.* o. c., 150.

morte il figlio di Dio? Non importa quanto in basso siamo precipitati; il figliol prodigo invidiava il cibo dei porci, ma quel che conta è che Dio ha sempre una possibilità per noi e che, dunque, non credere a questa possibilità significa non credere a Dio. Perché non crede in Dio chi non crede nella possibilità che la sua grazia possa far rinascere a nuova vita anche l'uomo peggiore[121]:

> «Chi dimentica che Colui che ti ha creato può sempre ri-crearti, rigenerarti nello Spirito, rendenti una creatura nuova in Cristo, chi dimentica tutto ciò, costui è veramente ateo, anche se magari frequenta gli ambienti di sacrestia. Perché perdere la speranza è sfiduciare l'uomo, è sempre, in realtà, uno sfiduciare Dio»[122].

E ancora:

> «Quando si vive di grazia anche la teologia della grazia tende a divulgare in maniera chiara e comprensibile, nonché con pudore, ciò che il dono ha realizzato e continua a realizzare in noi, in una dinamica misterica, ma non misteriosa, una dinamica mai del tutto compiuta e sempre vivificata da una relazione d'amore, da una Presenza che trasforma e redime, chiama e conduce, fa morire e rinascere»[123].

L'unica rivoluzione di cui il mondo ha bisogno è quella dell'amore. Oggi siamo in grado di comprendere, meglio che in passato, che è la sola che può

121Cfr. FARINA P., *Dire l'uomo, dire di Dio. Corso breve di Antropologia Teologica*, ET/ET Edizioni, Andria 2014, 195-196.
122IBIDEM, 196.
123IBIDEM, 197.

salvarlo. Passa attraverso il cambiamento di ogni cuore, di ogni famiglia, di ogni rapporto umano. È però necessario che si attinga alla fonte della misericordia che Dio ha fatto sgorgare sulla terra. Questa fonte inesauribile è il Cuore misericordioso di Gesù. Al disprezzo, all'offesa e alla negazione il Padre celeste risponde con la pietà, perdonando i peccati e offrendo di nuovo il suo amore:

> «Dio ha tanto amato il mondo da dare il Figlio unigenito, perché chiunque crede in lui non vada perduto, ma abbia la vita eterna»[124].

Al figlio che aveva rivendicato l'eredità e se ne era andato via, sperperando tutto ciò che aveva avuto, il Padre riapre le porte di casa, accogliendolo con le braccia aperte e ridonandogli la dignità perduta. Scrive Fanzaga:

> «Gesù invita a perdonare sé stessi, guardandosi con quegli occhi di misericordia con cui Dio ci guarda. Non è facile accettare incondizionatamente il perdono divino. Rimane in fondo al cuore il timore carnale che impedisce di comprendere quanto sia grande il cuore di Dio. Persistono le scorie dell'antica paura e l'astuta serpe insinua il dubbio. Il perdono accolto e praticato e la vittoria di Dio sull'impero delle tenebre. È la medicina più urgente per i singoli e per la società. È ciò che l'uomo non riesce a dare a se stesso e tanto meno agli altri»[125].

124Gv 3,16.
125Fanzaga L., *Il coraggio del perdono*. o. c., 36.

Senza la medicina del perdono la vita diventa buia. L'uomo che non crede in un Dio misericordioso diviene Caino per il proprio fratello. Chiamato ad amare, trascorrerà la vita a dare e ricevere morsi. Il perdono che Gesù dona apre le porte alla pace: la pace nei cuori, nelle famiglie e nella società. La vera rivoluzione, l'unica capace di cambiare il mondo, costa solo la fatica del cuore:

> «Scelti da Dio, santi e amati, rivestitevi dunque di sentimenti di tenerezza, di bontà, di umiltà, di mansuetudine, di magnanimità, sopportandovi a vicenda e perdonandovi gli uni gli altri, se qualcuno avesse di che lamentarsi nei riguardi di un altro. Come il Signore, vi ha perdonato così fate anche noi»[126].

La parabola del Padre misericordioso ha il suo epilogo in un luogo, l'uscio di casa, che è una sorta di confine tra il dentro e il fuori. Quasi a dire che il discrimine tra il perdersi e il ritrovarsi è molto piccolo, quasi infinitesimale, ma la differenza è notevole. Quell'uscio rappresenta il luogo della decisione. È lo spazio della riflessione dell'uomo tra l'aprirsi alla relazione o il chiudersi. Esso dice la chance offerta a ogni uomo per liberarsi da un fraintendimento che logora l'anima: che si possa amare qualcuno a scapito di qualcun altro. Il padre, manifestando l'amore per il figlio minore, non

126Col 3,12-13.

diminuisce affatto l'amore che nutre invece per il maggiore. Se Dio manifesta il suo amore per i peccatori, non è per toglierlo ai giusti:

> «In quel luogo, è possibile accogliere il balsamo della riconciliazione per sciogliere il luogo del malinteso e dell'amore. L'amore è l'unico tesoro che più si dispensa e più cresce e si diffonde. Nessuno è minaccia per l'altro, nessuno rappresenta il rischio di perdere l'amore. Ciascuno invece è per l'altro stimolo a uscire da se, occasione di crescita, possibilità di dilatare la propria capacità di amare»[127].

La parabola, illustrando i comportamenti dei suoi protagonisti, legge l'interiorità del cuore dell'uomo, ferito dall'egoismo e profondamente assetato d'amore, nel contempo legge nel cuore di Dio che è fedele alla sua natura di Padre e sempre veglia sull'uomo, ne accoglie il ritorno e offre sempre nuove opportunità di rilancio della propria storia personale e dell'amicizia con lui.

Mediante il ricorso della figura retorica della comparazione, il lettore è invitato a fare il confronto tra i diversi modi di comportarsi dei due figli e del loro padre, per poi prendere posizione. È evidente che la parabola, che si interessa di tutti e due i figli, li rivela entrambi come ribelli e persi bisognosi

---

127MANES R., *Il ritorno*. o. c., 77.

perciò di salvezza. I due fratelli si sono smarriti, a causa di un fraintendimento della figura del padre e del suo ruolo nella loro vita. Avverte Manes:

> «Essi necessitano di una riconciliazione con il padre, di una nuova adozione filiale: entrambi hanno bisogno di riscoprirsi figli e di accogliere in pienezza questa vocazione»[128].

I due figli vivono entrambi nella casa del padre, ma avvertono un vuoto e hanno due modi diversi di affrontare questo disagio: il piccolo è ferito e fugge, il grande è ferito e resta. I due si feriscono l'un l'altro e feriscono il padre perché non sanno vivere le relazioni. Tutti e due desiderano che qualcuno si prenda cura di loro: il piccolo ha bisogno che qualcuno gli dia da mangiare, il grande ha bisogno di essere pregato. Nella loro vita c'è qualcuno che si prende cura di loro, il padre, ma, concentrati come sono su ciò che a loro manca, non sanno vedere quello che hanno; angosciati come sono, l'uno della smania di avere, l'altro della smania del fare, sono incapaci di comprendere chi sono e chi vogliono essere:

> «Preferiscono l'anemia dei sentimenti che caratterizza il loro andare o starsene fuori al tepore che regna nella casa del padre»[129].

128IBIDEM, 79.
129IBIDEM.

La parabola fa luce sul nostro modo di vivere le relazioni: quella con Dio e quella con gli uomini. È rimozione del velo che Gesù vuole togliere, smascherando l'ipocrisia dei farisei. Questi vivono male la relazione coi peccatori perché hanno una relazione sbagliata anche con Dio:

> «Questa deformazione di rapporti provoca lo smarrimento del cuore e della coscienza. Perciò Gesù mostra che la teologia della salvezza è proprio la riconciliazione. Dio salva chi tesse relazioni, concede all'uomo di ritrovarsi proprio quando ha il coraggio di spalancare le porte del cuore per chiedere aiuto e accoglierlo»[130].

Spesso, infatti, l'uomo sperimenta la difficoltà di fare spazio agli altri e promuovere i doni. La relazione con l'altro però è strettamente legata all'immagine che abbiamo di noi stessi: se manchiamo di autostima, l'altro sarà avvertito sempre come una potenziale minaccia. Se abbiamo troppa stima di noi stessi l'altro non sarà mai all'altezza. La giusta stima di noi stessi ci permette di tessere relazioni sane. Queste inoltre non sono mai automatiche, ma si costruiscono giorno dopo giorno, attraverso l'investimento della fiducia che è il riconoscimento più alto della dignità di una persona. Solo quando l'uomo riceve fiducia, la vita avanza e il presente diventa gravido di promesse per il futuro. Il padre della parabola ha fiducia nei suoi figli: non sospetta di

---

130Ibidem, 80.

loro, non impartisce ordini come fosse un despota, dona, attende e investe sulla loro libertà. Lo stile del padre vuole stuzzicare un cambiamento nel modo di pensare e di fare dei proprio figli. Vuole che entrambi entrino nella vera libertà che è lo spazio per il confronto, l'ascolto, il dialogo, la maturazione e l'instaurarsi di relazioni autentiche[131].

A quanto pare, tutti, più o meno, partecipiamo a tutte le forme dell'imperfezione umana. Né l'avidità o la rabbia, né la lussuria o il risentimento, né la frivolezza o la gelosia sono del tutto assenti da ciascuno di noi. La nostra imperfezione umana si può esprimere in molte forme, ma non c'è offesa, crimine o guerra che non abbia il suo seme nel nostro cuore. La misericordia di Dio, però, viene descritta da Gesù non solo per mostrare quanto Dio sia pronto ad avere compassione di noi o a perdonare i nostri peccati e offrirci una vita nuova e la felicità, ma per invitarci a diventare come lui e a mostrare la stessa compassione agli altri come lui la mostra a noi.

Scrive Nouwen:

«Ciò che si è chiamati a realizzare è che, sia come figlio più giovane che come figlio maggiore, siamo figli del Padre misericordioso. Siamo eredi»[132].

131Cfr. IBIDEM, 79-80
132NOUWEN H., *L'abbraccio benedicente.* o. c., 182.

Come figli ed eredi dobbiamo diventare successori. Siamo destinati ad occupare il poste del Padre e offrire agli altri la stessa compassione che lui ha offerto a noi. Come già si è avuto occasione di evidenziare:

> «Il ritorno al Padre è in definitiva la sfida a diventare il Padre»[133].

Questa vocazione a diventare il Padre esclude qualsiasi facile interpretazione del racconto lucano. Stare nella casa del Padre richiede di far nostra la vita del Padre e di essere trasformati a sua immagine:

> «La vocazione ultima dell'uomo consiste nel diventare simile a lui e vivere la sua divina compassione nella vita quotidiana»[134].

La Chiesa, qualora renda testimonianza così alla misericordia di Dio, non predica solo la verità più profonda a proposito di Dio, ma predica anche la verità più profonda a proposito dell'uomo. La verità più profonda su Dio è ,infatti, che Dio è amore che dona se stesso e che è sempre pronto a perdonare. La verità più profonda sull'uomo è che Dio ci ha meravigliosamente creati nel suo amore, non ci ha abbandonati nemmeno quando ci siamo allontanati da lui e anzi ha di nuovo ristabilito

---

133IBIDEM.
134IBIDEM,179.

misericordiosamente in modo mirabile noi e la nostra dignità[135]. Egli è disceso nei bassifondi in cui eravamo finiti per ricondurci a lui e attrarci vicino al suo cuore. Là possiamo trovare definitivamente riposo e pace. Agostino, dopo una vita inquieta, comincia le sue *Confessioni* dicendo:

> «L'uomo, piccola parte della tua creazione, desidera lodarti. Tu lo chiami in maniera tale che goda nel lodarti; perché ci hai chiamati per te e inquieto è il cuor nostro, finché non riposa in te»[136].

III.2 L'ECONOMIA DEL DONO-PERDONO

La richiesta dell'amore del prossimo, avanzata da Gesù, non è solo centrale, ma anche radicale, così radicale da togliere il fiato. Nelle antitesi del discorso della montagna Gesù, chiedendo di aspirare alla giustizia perfetta, non si spinge solo al di là della tradizione ebraica, ma anche al di là dell'umanamente possibile chiedendo di passare dalla legge "occhio per occhio, dente per dente" alla regola:

135Cfr. KASPER W., *Misericordia. Concetto fondamentale del vangelo – Chiave della vita cristiana*, Editrice Queriniana, Brescia 2013, 239-240.
136S. AGOSTINO, *Le confessioni*, Giulio Einaudi editore, Torino 2000, 3.

1«A chi ti percuote sulla guancia, offri anche l'altra; a chi ti strappa il mantello, non rifiutare neanche la tunica»[137].

Questo va oltre la normale forza umana e richiede una grandezza e una sovranità umana e cristiana, che spezza il ciclo del male e il circolo vizioso della violenza e della ritorsione e stabilisce la pace[138].

Lo stesso Gesù ha perdonato morendo in croce[139] e il diacono e protomartire Stefano ha pronunciato, nel corso della sua lapidazione la stessa preghiera[140]. Tale perdono è anche presente nella lettera di San Paolo:

«Siate invece benevoli gli uni verso gli altri, misericordiosi, perdonandovi a vicenda come Dio ha perdonato a voi in Cristo»[141].

Secondo Agostino, la forma più alta di elemosina consiste nel perdonare coloro che hanno mancato contro di noi. Egli è naturalmente abbastanza realista per sapere che una simile virtù manca alla grande massa e che è un dono dei figli perfetti di Dio. Ogni credente deve però tendere ad essa e pregare per essa. Egli deve per lo meno perdonare a coloro che gli chiedono perdono[142]. Il perdono è una grazia a caro prezzo. Non è facile chiederlo e non

---

137Lc. 6,29.
138Cfr. Kasper W., *Misericordia.* o. c., 209.
139Cfr. Lc 23,34.
140At 7,60.
141Ef 4,32.
142Cfr. Kasper W., *Misericordia.* o. c., 211.

è facile donarlo. Il perdono è una vittoria conseguita dopo una lunga battaglia, il cui epicentro è il cuore dell'uomo. A prima vista, il perdono che viene da Dio sembrerebbe a portata di mano. Dio, infatti, non nega mai il suo perdono, neppure al più malvagio dei peccatori:

> «Non c'è uomo al mondo a cui l'Onnipotente non offre il perdono dei peccati e la vita eterna. Gesù che, dall'alto della croce perdona i suoi carne fini, manifestando fino a quale estremo limite può arrivare la divina misericordia. Anche l'apostolo che lo aveva tradito era incluso in questa abbraccio universale d'amore, non ci stupiremo mai abbastanza nel meditare il mistero del perdono divino, che rimette gratuitamente i peccati commessi, senza chiedere quel prezzo che la giustizia esigerebbe»[143].

È nel cuore che l'uomo supera l'uomo, andando oltre i confini della finitezza. Ciò che fa del cuore dell'uomo un mistero insondabile è la sua capacità di rapportarsi a Dio. Se il Creatore va alla ricerca della sua creatura, che è precipitata nel baratro, e la chiama per nome, non è per darle una sentenza di morte, ma per riportarla sulla via della salvezza e della pace.

Per chiedere perdono a Dio, bisogna tuttavia mettersi nella giusta posizione di fronte a Lui. Dobbiamo fare come il figliol prodigo che, dopo una vita dissoluta, ha il coraggio di rialzarsi e di bussare di nuovo alla casa paterna. Il

143FANZAGA L., *Il coraggio del perdono*. o. c., 49.

suo atteggiamento interiore è ben diverso da quello con il quale l'aveva lasciata. Allora, con accento arrogante, aveva preteso dal padre la sua parte di patrimonio. Ora, dopo avere sperimentato la disillusione del male ed essere rientrato in se stesso, apre il suo cuore con la chiave dell'umiltà. Le parole pensate e rivolte per il suo ritorno sono il frutto di un travaglio interiore profondo, che può durare anche a lungo, nel quale il peccato e la grazia lottano fra loro:

> «Come un malato che si rivolge al medico, l'uomo alza i suoi occhi verso l'alto per chiedere la medicina della misericordia. Il cuore che invoca il perdono è il più grande miracolo della terra. Questo cambiamento è un capolavoro della grazia»[144].

Difatti, non sono i peccati commessi che spalancano le porte dell'inferno, ma la mancanza del pentimento e il rifiuto del perdono. Che il perdono venga concesso per amore verso se stessi o in obbedienza alla legge, alle circostanze, alla necessità o che infine venga concesso per amore di Dio, esso è sempre un "super-dono". Lo è innanzitutto per la persona stessa, giacché l'essere umano, come già volevano Aristotele e San Tommaso, ha per natura una propensione all'altro, al buon essere delle relazioni di amicizia e di armonia con i simili. Il perdono non fa che restaurare l'allegria, riparare una

---

144IBIDEM,52.

ferita e quindi anche esso un fondamento naturale nell'animo umano, benché conviva con il desiderio di vendetta che spesso lo sovrasta[145].

Il figlio minore della parabola fa esperienza della gratuità e scopre che il perdono accordatogli dal padre non è solo riparazione o semplice cancellazione della colpa, ma appartiene a un'economia insolita che si chiama sovrabbondanza, dono smisurato. Egli è posta dinnanzi all'ottica sconvolgente del dono gratuito che non chiede assolutamente nulla in cambio. Il dono, infatti, vuole essere solo ricevuto.

Lo stesso accade al fratello maggiore. È il padre che lo supplica sull'uscio di casa, ma anche la vita che lo interpella a uscire dalla sua autosufficienza, a lasciare il comfort del suo egoismo e ad accettare la sfida decisiva: passare attraverso il crogiuolo del perdono, offerto e anche richiesto, per purificarsi dall'individualismo e diventare una persona matura, che conosce il suo valore e vede nell'altro non una minaccia, ma un dono. Questo figlio diventa persona che accoglie il nuovo che gli si prospetta davanti, il volto inedito del padre che credeva di conoscere, ma che è ancora tutto da scoprire. Così, emulo del suo stile, egli può aprirsi alla vulnerabilità dell'amore, mettendosi in gioco e ricevendo da ciò effetti salutari e salvifici.

145Cfr. IBIDEM, 68.

Si possono individuare tre vie che portano a una vera paternità di misericordia: il dolore, il perdono e la generosità[146]. Il dolore chiede di consentire che i peccati del mondo, i nostri compresi, strazino il cuore facendo versare lacrime. Non c'è compassione senza lacrime. Se non possono essere lacrime che scorrono dagli occhi, devono essere almeno lacrime che sgorgano dal cuore. Quando si considera l'immensa riottosità dei figli di Dio, la lussuria, la cupidigia, la violenza, la rabbia, il risentimento e quando guardiamo tutto ciò con gli occhi del cuore di Dio, non possiamo che piangere e gridare per il dolore. Questa afflizione è preghiera. Ma il dolore è la disciplina del cuore che vede il peccato del mondo e sa di essere il prezzo doloroso della libertà senza la quale l'amore non può fiorire.

La seconda via è il perdono. É attraverso il perdono costante che diventiamo come il Padre. Il perdono che viene dal cuore è molto difficile, quasi impossibile, ma il perdono di Dio non pone condizioni poiché proviene da un cuore che non chiede niente per sé, un cuore completamente libero dall'egoismo. È questo perdono divino che si deve praticare nella vita quotidiana. Esso chiede di superare tutte le argomentazioni che sostengono che il perdono è stupido, dannoso e impraticabile. Chiede di superare la ferita

146Cfr. NOUWEN H., *L'abbraccio benedicente.* o. c., 190.

del cuore che si sente offeso e maltrattato e che vuole mantenere il controllo e porre condizioni tra noi e chi colui che chiede di perdonare:

> «Questo superamento è la disciplina autentica del perdono. Può darsi che sia più un arrampicarsi che un superarsi. Sovente ci si deve arrampicare sul muro delle dispute e dei sentimenti di rabbia che si sono eretti, ma che tanto spesso non ricambiano tale amore. È un muro di paura di essere usati e feriti nuovamente. È un muro di orgoglio e del desiderio di mantenere il controllo. Ma ogni volta che si riesce a superare quel muro o soltanto scavarlo, si entra nella casa dove dimora il padre, e qui si incontra il prossimo con un genuino amore di misericordia»[147].

Il perdono è la via per superare il muro e accogliere gli altri nel cuore senza aspettarsi nulla in cambio. Così da poter accogliere quelli che vogliono tornare con la stessa misericordia con cui il Padre accoglie noi.

La terza via per diventare come il Padre è la generosità. Nella parabola, il padre al figlio che va via, non solo dà tutto ciò che questi chiede, ma lo colma anche di regali al suo ritorno.

> «È il ritratto di Dio la cui bontà, il cui amore è perdono, la cui sollecitudine, gioia e misericordia sono senza confini. Gesù presenta la generosità di Dio ricorrendo si

147Ibidem, 193.

a tutto l'immaginario che la sua cultura li fornisce, ma trasformandolo di continuo»[148].

Per diventare come il Padre si deve essere generosi come è generoso il Padre. Proprio come il Padre dà tutto sé stesso ai propri figli, così l'uomo deve dare sé stesso ai fratelli e sorelle. Gesù fa capire molto chiaramente che proprio questo darsi è il segno del proprio discepolo:

«Nessuno ha un amore più grande di questo: dare da vita per i propri amici»[149].

Questo dare sé stessi è un'autentica disciplina perché è qualcosa che non scatta automaticamente. Come figli delle tenebre che governano con la paura, l'interesse personale, l'avidità e il potere, le nostre grandi motivazioni sono la sopravvivenza e l'istinto di conservazione. Ma come figli della luce che sanno che l'amore perfetto elimina ogni paura, diventa possibile dare agli altri tutto quello che abbiamo:

«Come figli della luce, ci prepariamo a diventare veri martiri: persone che testimoniano con l'intera loro vita l'amore illimitato di Dio»[150].

La vera generosità è agire in base alla verità che coloro cui ci si chiede di perdonare sono "parenti" e appartengono alla mia "famiglia":

148IBIDEM, 194.
149GV 15,13.
150NOUWEN H., *L'abbraccio benedicente.* o. c., 195.

«In quanto Padre non sono più chiamato a tornare a casa come il figlio minore o quello maggiore, ma essere lì come colui dal quale i figli ribelli possono tornare ed essere accolti con gioia. È molto difficile essere in casa e aspettare. È un attesa nel dolore per coloro che sono partiti e un'attesa con la speranza di offrire perdono e vita nuova a coloro che torneranno. Come Padre, devo credere che tutto ciò che il cuore dell'uomo desidera si può trovare a casa»[151].

Ogni vita umana è istituita dal debito dell'amore, grazie al quale l'altro è colui del quale si è responsabili, una persona che, una volta incontrata, ha diritto di essere destinataria dell'amore in virtù della prossimità che si è creata[152].

Al contrario, non si entra nella festa da soli, ma sempre in compagnia del fratello[153].

La parabola del padre misericordioso vuole, in definitiva, scuotere quanti si ritengono giusti, non solo tra i giudei che sono i destinatari diretti dell'insegnamento, ma anche tra i cristiani, tra noi che leggiamo il testo biblico, magari dando per scontato di conoscerne il lieto fine. Essa tocca, infatti, le radici del nostro credere e la nostra idea di Dio, spesso oscurata in noi da visioni un po' idolatriche.

151IBIDEM, 196.
152Cfr. BIANCHI E., *Dono e perdono*, Giulio Einaudi editore, Torino 2014, 16.
153Cfr. AMAPANI A., *Un uomo aveva due figli*... o. c., 100.

Inoltre, essa interpella il nostro modo di essere Chiesa e si apre anche una lettura ecclesiologica. Dobbiamo tener presente che, nel suo racconto, Gesù si indirizza ai farisei e agli scribi, ma l'evangelista, che lo riporta, si rivolge alla comunità cristiana. La parabola provoca allora la Chiesa agli inizi, oggi e in tutti i tempi, ad assumere in pienezza lo stile del Padre della parabola, facendosi prolungamento dell'amore di Dio e costruendo ponti di dialogo e fraternità tra gli uomini. La Chiesa è invitata pertanto a imitare il Padre nel suo stile di accoglienza. È invitata a vivere l'attesa del ritorno dei figli lontani e la prontezza ad allestire la festa per questo evento. La Chiesa deve pertanto confessare, proclamare e incarnare la misericordia di Dio[154].

La parola del padre misericordioso viene seminata ancora dallo Spirito nell'oggi della nostra storia personale ed ecclesiale, per raggiungere il figlio prodigo che è in noi, per insegnarci che il vero esodo dell'uomo non è fuga dagli altri, ma esodo da sé, cioè uscita senza ritorno dall'egoismo per dimostrare stabilmente in quell'amore che spinge al dono disinteressato.

Il messaggio della parabola, poi, interpella fortemente anche il figlio maggiore che è in noi, per farci comprendere che la vera maturità di fede consiste nel nutrire in noi gli stessi sentimenti del Padre. I due inviti si

154Cfr. MANES R., *Il ritorno*. o. c., 93.

fondano così in un'unica risposta che salva da ogni tipo di schizofrenia: sintonizzare il proprio cuore con quello di Cristo che si è manifestato nella sua esistenza eterna e ancora si manifesta nei sacramenti, nella Parola, nel volto materno della Chiesa:

> «Questo cuore, come il cuore di quel Padre della parabola, si è lasciato toccare e trafiggere per mostrarci la follia d'amore che nasce dalla misericordia, si è reso spazio di tenerezza sempre aperto per ospitare gli smarriti di tutti i tempi, si è reso disponibile e visibile su una croce che è abbraccio perpetuo di Dio alla storia di ogni uomo, trasfusione di amore che guarisce da ogni anemia del cuore, potenza che sola frena il male dentro e fuori dell'uomo»[155].

Alla domanda: "Dove andiamo a finire se rinunciamo all'uso della forza e perdoniamo?", possiamo contrapporne un'altra: dove andremo a finire, se non c'è più posto per il perdono e per la remissione, e se vogliamo ricambiare qualsiasi ingiustizia fattaci con una nuova ingiustizia, in base al principio "occhio per occhio, dente per dente"?

Dopo le spaventose esperienze degli orrori del ventesimo secolo, il problema del perdono è diventato di nuovo tristemente attuale e ha portato, in vasti ambienti, a un cambiamento urgentemente necessario di mentalità. È diventato chiaro che non si può combattere una guerra con un'altra guerra,

155IBIDEM, 94.

che la misericordia, il perdono e la remissione, nonostante siano degli atti quasi sovrumani, sono tuttavia anche atti quanto mai razionali.

III.3 UN'ESPERIENZA DI RICONCILIAZIONE

C.A.S.A.: COMUNITÀ, ACCOGLIENZA, SOLIDARIETÀ, AMICIZIA.

È sorprendente notare come dedizione, attesa, perdono, riconciliazione siano alle porte della C.A.S.A.

Quanta preghiera da parte di Don Tonino Bello e quanta attenzione per gli scongiurati; ha ascoltato la disperazione delle madri, l'ha interpretata con viscere di misericordia non potendo rimanere indifferente al loro grido.

Alla preghiera ha ancorato il basamento tettonico di villa Scardigno, in contrada Parco del Conte, a Ruvo di Puglia,dove nel 1984 tutto è cominciato.

Quanto è stato grande il suo amore per la vita, quanto indomito la sua capacità di sperare, quanta misericordia ha avuto per chi cadesse e intendesse rialzarsi. Don Tonino organizzava la rete della gratuità, della solidarietà, del volontariato, dell'amicizia, del dono di sé a sostegno della C.A.S.A.; un articolato fiorire di dedizioni, di attività e di testimonianze.

Fin qui l'opera umana di un pastore dal cuore tenero, capace di coinvolgere, di motivare, di entusiasmare, soprattutto di amare: perché Dio è amore, e non può non amare, l'Amore, sempre pronto a farsi dono e perdono.

Certo, si trattò di un impresa che presentò non poche difficoltà, ma il Vescovo di Molfetta era convinto che la Provvidenza, l'economia di Dio che salva a sorpresa, che muta il dolore in gioia secondo segni e disegni esclusivi, non sarebbe mancata. In effetti, non mancarono donazioni fatte da chi aveva posto attenzione alla pastorale sociale di Don Tonino.

La C.A.S.A. fu pensato come luogo di ascolto, di preghiera, di solidarietà. La C.A.S.A. fu il luogo in cui, secondo l'auspicio del fondatore, desiderio di umanità nuova da parte del figlio prodigo e abbraccio del Padre si sarebbero incontrati.

Questa realtà ancora oggi opera fattivamente e intende richiamare l'eredità di don Tonino e il suo impegno per l'inclusione sociale degli ultimi, la volontà di non imporre mai il Vangelo, ma mostrare le opere evangeliche nella vita quotidiana.

Nella Comunità, che ha reso vivo e presente don Tonino, nel luogo al quale era più affezionato e dove amava trascorrere intere giornate di azione e preghiera, si cerca di offrire un aiuto diretto e sincero a chi ha sbagliato, a chi ha sperperato la sua eredità, il proprio essere, a chi è caduto, a chi ha perso se stesso non sapendo da dove venga e verso cosa sia diretto.

Questi uomini, chiamati a rinascere, attraverso il lavoro su di sé e nelle strutture della C.A.S.A. Con la loro volontà di non arrendersi mai al male, con i loro progetti di vita in armonia con il progetto della Vita, essi rientrano "in se stessi"e sperimentano una misericordia senza limiti, che li rende nuovi ogni giorno, con il sudore della propria fonte, mediante la forza e sull'esempio dell'Uomo Nuovo, Cristo Gesù.

L'ingresso in comunità è preceduto da alcuni colloqui individuali, estesi anche ai famigliari, mirati a verificare il livello di motivazione al trattamento che è alla base della richiesta d'ammissione; il primo incontro tende anche a individuare eventuali impedimenti che potrebbero sconsigliare la presa in cura. La comunità si propone di accogliere soggetti affetti da dipendenza da sostanze, poliabusatori o etilisti, generalmente di età compresa tra i diciotto e i quarantacinque anni, per dar loro la possibilità di riacquistare una sufficiente autonomia e nella prospettiva di un reinserimento sociale.

L'ammissione di soggetti che, oltre a un problema di dipendenza di sostanze, presentino disturbi psichiatrici o siano sottoposti - sottoponibili a misure alternative alla detenzione, viene valutata caso per caso.

L'obiettivo rimane, per ciascun ospite, uno solo: far rinascere un sentimento interiore di amore e fiducia verso sé stessi attraverso il lavoro, gli interessi, lo svago, il divertimento, gli affetti.

Fondamentale è parlare con gli altri, ascoltarli e farsi ascoltare. Si va in profondità nei due anni di terapia per venire fuori dal tunnel e per tornare a toccare con mano la serenità perduta.

Una vita che lì fuori era "in corto", tale da invidiare il "cibo dei porci", e che nella C.A.S.A. si prova a riaccendere. Prima l'accoglienza, poi l'integrazione, la verifica e il progetto di vita. L'impegno quotidiano in serigrafia, il restauro, l'allevamento degli animali nella stalla, coltivazione di ortaggi e tanto altro. Un'aria di casa con operatori e volontari che con la perseveranza hanno l'idea di una comunità che deve avere un ambiente famigliare senza grandi numeri, ma per un lavoro terapeutico serio per creare la famiglia.

Ho avuto modo di visitare la C.A.S.A. Mi porto dietro l'immagine di quel momento che ho vissuto durante la messa, la domenica, nella piccola chiesetta all'interno della comunità: il sacerdote sull'altare con i ragazzi dietro a tenersi per mano, con parenti, genitori, persone care e la gente, con cui si innalza il coro e un coinvolgente sorriso si trasmette. E la comunità che esprime loro che vivere è bello.

Il perdersi, lo smarrimento ha il suo epilogo in un luogo, l'uscio di casa, che è una sorta di confine tra il dentro e il fuori; il discrimine tra il perdersi e il trovarsi è molto piccolo, quasi infinitesimale, ma la differenza resta notevole, la salvezza sta sì nel ritorno a casa, ma non finisce qui. La salvezza piena è in quell'abbraccio accogliente ricevuto ancora sulla via del ritorno che raccoglie tutta la persona, la strappa dalla sua dispersione e la innesta nuovamente nel tessuto fecondo degli affetti. Questo abbraccio è un gesto di eloquenza sovrabbondante: dice perdono ricevuto, ripristino del mutuo affetto, rinnovo della comunione.

CONCLUSIONE

Ognuno di noi può intravedere in sé il figlio minore, ma anche il figlio maggiore. Per entrambi, il padre rimane colui che riceve, perdona, offre la sua casa e donare pace e gioia. Il padre è il rifugio a cui tornare, la meta del viaggio, il riposo finale.

Ma perché prestare tanta attenzione ai figli? Il figlio minore lapida tutti i suoi averi e sé stesso; il figlio maggiore è schiavo dei doveri e pur rimanendo a casa non vive da figlio. Il padre della parabola ricorda che ciò che è importante è l'incanto della vita, avere i brividi dentro il cuore, sapere che ciò che conta nella vita sono le persone, le relazioni, l'amore, la misericordia.

Se torna in vita il figlio, in quale modo torna a vivere anche il padre. Così accade anche nella nostra parabola. Prima di sperimentare un rapporto nuovo con il proprio padre, entrambi i figli dovranno farlo rinascere nel loro cuore, ridargli ospitalità nella loro storia. Dovranno recuperare lo specchio del quale mirarsi e abbracciare un'identità, quella personale, che non potrebbe esserci se non ci fosse stata quella di un padre.

La bella notizia è questa: il Dio rivelato da Gesù Cristo è un padre sempre disposto a prendersi cura dei suoi figli e ad attenderne il ritorno. È un Dio capace di perdono ed è misericordioso. Come ricorda Benedetto XVI è solo la misericordia che pone un limite al male e il Vangelo è discorso non solo informativo, ma operativo, non è solo comunicazione, ma azione, forza efficace, che entra nel mondo per salvare e trasformare[156].

La parabola del padre misericordioso vuole aiutarci ad accogliere l'irruzione della gratuità del padre nella vita dei figli. Una gratuità che li strappa dall'asfissia dei consumi e dell'utile. Luca vuole invitarci a lasciarci raggiungere da un amore che permette di ritrovarsi, che immette nelle nostre storie l'aria pulita della comunione e della reciprocità, linfa di ogni sorta di relazione.

La parabola del padre misericordioso racconta una storia che insegna che per gustare il frutto della gioia bisogna preferire l'incontro all'evasione. Gesù ci ricorda che in ogni liturgia Dio padre prepara una festa per noi, una festa dove si apprende la gratitudine per il dono della vita, per le persone che ci sono accanto, per le opere che possiamo realizzare e per tutte quelle espressioni di riconciliazione che portano nel mondo nuove fioriture di speranza.

156Cfr. BENEDETTO XVI, *Gesù di Nazaret.*, Libreria Editrice Vaticana, Città del Vaticano 2007, 70.

Gesù scuote così l'uomo religioso per aiutarlo a spalancare i suoi orizzonti allo stile eccedente di Dio e ritrovare la sua natura più profonda di uomo capace di amare che sa eccedere nel dare più di quanto sia tenuto a dare. È questa la grandezza dell'uomo e Cristo la ricorda agli uomini religiosi del suo tempo. Se Dio dà gratuitamente, anche l'uomo può farlo, superando la tentazione di dare cose esterne o estranee a lui piuttosto che sé stesso.

Il vero peccato per l'uomo è negare il primo amore di Dio, ignorare la sua bontà originale. Se infatti l'uomo non riconosce l'amore del Padre, perde il contatto con se stesso e si predispone ad una ricerca distruttiva, tra gente sbagliata, in posti sbagliati. Ma, ciò di cui ha bisogno può essere trovato soltanto nella casa del Padre.

La parabola del padre misericordioso è in ultima analisi un racconto che parla di un amore che è esistito prima ancora che fosse possibile qualsiasi rifiuto e starà ancora lì dopo che tutti i rifiuti si saranno consumati. È il primo ed eterno amore di un Dio che è allo stesso tempo Padre e Madre. È la sorgente di ogni vero amore umano, anche del più limitato. Tutta la vita e la predicazione di Gesù hanno avuto un solo scopo: rivelare questo inesauribile e illimitato amore paterno e materno del Padre suo e indicare la via che consente a quell'amore di guidare ogni istante della nostra vita quotidiana.

La vocazione ultima dell'uomo non è soltanto tornare a casa, ma anche accogliere le persone nella casa dicendo: "Sono felice che siate qui! Venite ora. Portate il vestito più bello, portate l'anello prezioso, trovate i sandali migliori. Facciamo festa perché siete finalmente giunti a casa".Anche per questo è parso giusto chiudere questo percorso di studio con l'esempio di una C.A.S.A. speciale: una casa dove nessuno è rifiutato in nome del suo passato, ma amato è accolto per quello che lui è e per quello che potrà tornare ad essere.

BIBLIOGRAFIA

AGOSTINO, *Le confessioni*, Giulio Einaudi editore, Torino 2000.

AMAPANI A., *Un uomo aveva due figli... Riconoscersi figli per diventare padri*, Edizioni San Paolo, Cinisello Balsamo (MI) 2014.

BENEDETTO XVI, *Gesù di Nazaret*, Libreria Editrice Vaticana, Città del Vaticano 2007.

BIANCHI E., *Dono e perdono*, Giulio Einaudi editore, Torino 2014.

Bibbia di Gerusalemme, Centro editoriale Dehoniano, Bologna 2009.

CASTELLANA F., *Una tenda per Dio. Lasciarsi abitare dal divino*, Paoline Editoriale Libri, Milano 2004.

DI NICOLA G. P. – DANESE A., *Perdono... per dono, Quale risorsa per la società e la famiglia*, Effatà Editrice, Cantalupa (TO) 2005.

FANZAGA L., *Il coraggio del perdono*. Sugarco Edizioni, Milano 2014.

ESTÉVEZ M. J., *Pentimento. Porta della misericordia*, Libreria Editrice Vaticana, Città del Vaticano 2014.

FARINA P., *Dire l'uomo, dire di Dio. Corso breve di Antropologia Teologica*, ET/ET Edizioni, Andria 2014.

FAUSTI S., *Lo stile di Gesù. Lectio sul vangelo di Luca*, EditriceÀncora, Milano 2014.

GALLIZZI M., *Vangelo secondo Luca. Commento esegetico – spirituale*, Editrice Elledici, Torino 1994.

GARCIA J., *Le buone ragioni della fede. Conversazioni sui misteri cristiani,* Edizioni Ares, Milano 2003.

KASPER W., *Misericordia. Concetto fondamentale del vangelo – Chiave della vita cristiana*, Editrice Queriniana, Brescia 2013.

MANES R., *Il ritorno. La sfida della riconciliazione nella parabola del figlio prodigo*, Edizioni San Paolo, Cinisello Balsamo (MI) 2013.

MELVILLE H., *Moby Dick*, Adelphi Edizioni, Bergamo 1987.

NOUWEN H.,*L'abbraccio benedicente. Meditazione sul ritorno del Figlio prodigo*, Editrice Queriniana, Brescia 1994.

-, *Ritornare a casa. Ulteriori riflessioni sulla parabola del figlio prodigo*, Editrice Queriniana, Brescia 2010.

RAVASI G., *Le porte del peccato. I sette vizi capitali*, Arnoldo Mondadori Editore, Milano 2007.

DOCUMENTI CONCILIARI

Costituzione Dogmatica sulla Divina Rivelazione, *Dei Verbum,* 18 novembre 1965, Paoline Editoriale libri 1965, Milano.

INDICE

Printed by Books on Demand GmbH, Norderstedt / Germany